体育教学理论与实践研究

王纯新 著

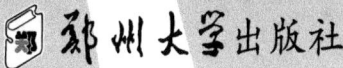

图书在版编目(CIP)数据

体育教学理论与实践研究 / 王纯新著. — 郑州：郑州大学出版社，2023.6
ISBN 978-7-5645-9790-0

Ⅰ.①体… Ⅱ.①王… Ⅲ.①体育教学-教学研究-高等学校 Ⅳ.①G807.4

中国国家版本馆 CIP 数据核字(2023)第 117023 号

体育教学理论与实践研究
TIYU JIAOXUE LILUN YU SHIJIAN YANJIU

策划编辑	王卫疆	封面设计	苏永生
责任编辑	胡佩佩	版式设计	苏永生
责任校对	孙 泓	责任监制	李瑞卿

出版发行	郑州大学出版社	地　　址	郑州市大学路40号(450052)
出 版 人	孙保营	网　　址	http://www.zzup.cn
经　　销	全国新华书店	发行电话	0371-66966070
印　　刷	广东虎彩云印刷有限公司		
开　　本	710 mm×1 010 mm　1/16		
印　　张	9.25	字　　数	124 千字
版　　次	2023 年 6 月第 1 版	印　　次	2023 年 6 月第 1 次印刷
书　　号	ISBN 978-7-5645-9790-0	定　　价	56.00 元

本书如有印装质量问题，请与本社联系调换。

内容简介

本书是系统研究高校体育教学的专著,由三章构成,第一章研究体育教学基础,包括体育的基本认识、体育教学的内涵、体育教学的主体、体育教学的特点、体育教学的原则和体育教学的模式等内容;第二章研究体育教学理论,包括元认知理论、学习动机理论和体育社会学理论;第三章研究体育教学实践,包括田径类运动教学实践、球类运动教学实践、时尚体育教学实践和极限运动教学实践。该著作内容系统全面,论据生动有力,论述条理清晰,提出观点新颖,研究问题深奥,非常适合高校体育教师开展教学和高校体育研究人员开展研究使用。

前 言

体育是人类社会发展中,根据生产和生活需要,遵循人体身心发展规律,以身体练习为基本手段,达到增强体质、提高运动技术水平、开展思想品德教育、丰富社会文化生活而进行的一种有目的、有意识、有组织的社会活动,是伴随着人类社会发展而逐步建立和发展起来的一个专门的科学领域。教育教学作为教育和体育的交汇点和结合部,又是国家体育事业发展的战略重点。体育教学是按一定的教学计划和课程标准进行的有目的和有组织的教育过程。体育教学由教师和学生共同参与,其任务是向学生传授体育知识、技术与技能,增强学生体质,培养学生的道德、意志和品质等。体育教学是学校体育实现的基本形式,也是体育目标的实施途径之一。体育教学过程中学生主要从事各种身体活动,但各种身体活动又是与思维活动紧密结合起来的,这就要求体育教学既要遵循各门学科认识事物的共同规律,又要遵循人体结构、人体生理机能活动能力变化和动作技能形成的规律。体育教学的基本任务是发展身体、增强体质,掌握体育的基本知识、技术和技能,培养高尚的道德品质。

体育教学是身体锻炼、运动训练和体育竞赛的基础。体育教学中所获得的体育知识、技术与技能,可广泛地运用到身体锻炼、运动训练和体育竞赛中去。身体锻炼、运动训练和体育竞赛的许多专门知识、技术与战术,在学习的开始阶段往往都要通过体育教学的形式来获得。因此,体育教学原理也是身体锻炼和运动训练过程所必须遵循的共同准则。体育教学过程中既要注意知识技能的教学,使学生掌握体育知识技能,同时又要注重加强学生体能、思维能力和自我锻炼能力培养,使学生的知识技能与能力都得到提高。体育教学是细致而又复杂的教育过程,教学质量高低与体育教师的理论水平、技术水平以及组织能力密切相关。因此,体育教师必须具有教育学、心理学、运动解剖学和运动生理学等有关学科的基本知识,运用好体育教学原理,掌握好体育运动技术,提高科学文化素养,并深入理解培养目标和教学大纲的内容,才能在教学过程中以身作则、敬业爱生、因材施教,发挥主导作用,引导学生自觉地刻苦学习和锻炼。

体育是高校人才培养的重要组成部分,教学水平与质量直接影响着学生综合素质。尽管体育在促进学生身心健康成长方面具有重要作用,但是由于种种原因,高校体育教学仍然存在很多问题,阻碍了体育教学的进一步发展。目前存在的问题主要包括三个方面:一是体育教学内容安排不够合理,以技术教学及技能培养为主,忽略对学生整体素质的培养,也忽略了学生的个性需求及体育文化学习;二是学生参加体育锻炼意识不强,有些学生对体育锻炼缺乏恒心、遇到困难不能克服,有些学生认为参加体育锻炼浪费学习时间,体育锻炼不能成为大多数学生的自觉行为;三是体育教学课堂组织不科学,仍然按照班级建制授课,不能满足不同层次、不同水平、不同兴趣学生的需要。本书就是为解决目前高校体育教学存在的问题而撰写的,为高校体育教师教学和大学生体育锻炼提供指导,力图通过合理的体育教学和科学的体育锻炼,达到增强体质、增进健康和提高体育素养的目标。

本书在充分吸收国内外最新研究成果精华的基础上,依据作者多年开展体育教学研究和改革经验,结合新时代大学生德智体美劳全面发展的需求而撰写,注重科学性、理论性和创造性。本著作既研究了指导体育教学的科学理论,又阐述了开展体育教学的实践方法,力求对体育教学提供全面指导。

本著作在撰写过程中借鉴和引用了大量有关体育教学理论与实践相关研究的成果文献,如有遗漏敬请谅解,在此向有关专家和学者表示衷心感谢。但由于作者水平有限,时间仓促,难免存在遗漏、欠缺和不足之处,敬请学界专家和广大读者不吝指正。

目录

第一章　体育教学基础 ··· 1
第一节　体育的基本认识 ·· 2
第二节　体育教学的内涵 ··· 11
第三节　体育教学的主体 ··· 14
第四节　体育教学的特点 ··· 19
第五节　体育教学的原则 ··· 23
第六节　体育教学的模式 ··· 28

第二章　体育教学理论 ··· 33
第一节　元认知理论 ··· 34
第二节　学习动机理论 ·· 41
第三节　体育社会学理论 ··· 52

第三章　体育教学实践 ··· 60
第一节　田径类运动教学实践 ··· 61
第二节　球类运动教学实践 ·· 83
第三节　时尚体育教学实践 ·· 96
第四节　极限运动教学实践 ··· 113

参考文献 ··· 126

第一章
体育教学基础

体育是伴随着人类社会发展而逐步建立起来的专门的科学领域,在现代社会背景下,随着体育运动快速发展,人们对体育教学也越来越重视,并采取了积极的手段和相应的措施提升体育教育质量。传统的应试教学思想使体育教学不被重视,随着现代教育观念转变,学校体育已经成为素质教育的重要内容,对学生身体素质和其他素质的提高具有重要作用。体育不再是可有可无的课程,而是决定升学与成绩的重要学科。本章研究体育教学基础,为后续研究提供支撑。

第一节 体育的基本认识

体育是一种复杂的社会文化现象,以身体与智力活动为基本手段,根据人体生长发育、技能形成和机能提高等规律,达到促进全面发育、提高身体素质与全面教育水平、增强体质与提高运动能力、改善生活方式与提高生活质量的一种有意识、有目的、有组织的社会活动。随着国际交往扩大,体育事业发展的规模和水平已是衡量一个国家、社会发展进步的重要标志,也成为国家间外交及文化交流的重要手段。

一、体育的概念

体育虽然具有悠久的历史,但是"体育"一词却出现得较晚。在"体育"一词出现前,世界各国对体育这一活动过程的称谓都不相同。在古希腊,游戏、角力和体操等曾被列为教育内容。体育对于古希腊人影响深刻的突出表现就是创立了奥林匹克运动会,每隔四年在伯罗奔尼撒一个叫作奥林匹亚的小村庄举行。在17—18世纪,西方教育加进了打猎、游泳、爬山、赛跑和跳跃等活动,只是尚无统一的名称。18世纪末,德国的古茨穆茨曾把这些活动分类、综合,统称为"体操"。进入19世纪,一方面是德国形成了新的体操体系,并广泛传播于欧美各国;另一方面是相继出现了多种新的运动项目。在学校也逐渐开展了超出原来体操范围的更多的运动项目,建立起"体育是以身体活动为手段的教育"这一新概念。于是,在相当长的一段时间里,"体操"和"体育"两个词并存,相互混用,比较混乱,直到20世纪初才逐渐在世界范围内统一称为"体育"。

根据文物和建筑等历史证据表明,中国早在公元前2000年左右便已开始进行体育运动。中国体育历史悠久,但"体育"却是一个外来词,最早见于20世纪初,当时大批留学生东渡去日本求学,他们回国后将"体育"一词引进到中国。辛亥革命以后,"体育"一词才逐渐运用开来。"体育"一词在含义上也有一个演化过程。很多学者对"体育"的概念提出了一些解释,但比较趋于一致的解释为:"体育是以身体活动为媒介,以谋求个体身心健康、全面发展为直接目的,并以培养完善的社会公民为终极目标的一种社会文化现象或教育过程。"体育的这一定义既说明了其本质属性,又指出了其归属范畴,同时也把自身从与其邻近或相似的社会现象中区别出来。伴随着人类文明进步和社会发展,体育本身也在不断地完善与发展。人类为了追求美好舒适的生活,对体育有着更高的期待,期待体育能够带给自己健康、力量、和谐与美,作为现代人的美好追求,也是当代大学生的共同心声。

体育运动自古代奥运会时期发展至今,其组织性和相关规则不断加强。工业化使得发达及发展中国家的居民有了更多的闲暇时间,这让他们可以参加并观看观赏性体育运动,体育运动参与人数增加,传播更为普遍。随着大众媒体和全球联系的加强,这一趋势更加明显。体育运动专业化成为主流,体育运动更加流行,体育迷们通过广播、电视、互联网追逐职业运动员,同时他们自己也参与业余的体育运动,从中得到锻炼和娱乐。

二、体育的组成部分

现代社会体育在不断地发展和完善,体育产生之初就具有丰富的内容,体育发展并不孤立,而是适应人类本身和社会发展需要。体育由学校体育、竞技体育和群众体育三部分组成。

(一)学校体育

学校体育是学校教育的重要组成部分,也是全民体育的基础。作为教育和体育的交汇点和结合部,又是国家体育事业发展的战略重点。在以学校教育为主的环境中,按照学校的育人规律,围绕增强体质这个中心,在教师的指导下,有组织、有计划地传授体育知识、技术和方法,使学生的身体素质和运动水平得到全面的提高,并与德育、智育、美育三者相结合,培养学生的道德和意志品质,更好地适应现代社会。学校体育属于教育范畴,无论在哪种社会条件下,都受社会政治、经济、文化教育的影响与制约,并通过培养人才为之服务。学校体育与学校德育、智育共同组成完整的学校教育体系,是培养符合社会需要合格人才的基本内容和基本途径。学校体育的目标是增进学生健康,使学生掌握和应用基本的体育与健康知识和运动技能,形成运动的兴趣和锻炼的习惯,发展良好的心理品质,提高人际交往的能力与合作精神,形成健康的生活方式和积极进取的生活态度,提高少数学生的运动技术水平。

(二)竞技体育

竞技体育也称竞技运动,是体育的重要组成部分。竞技体育以体育竞赛为主要特征,在全面发展身体素质的基础上,以创造优异运动成绩、夺取比赛优胜为主要目标的社会体育活动。竞技体育的特点是技能性高、竞争性强,有着严格的规则和场地要求,是人的智能和运动才能的极限表现形式。远在史前时代早期的人类生活中,便已经出现以争取胜利为特点的原始古朴的体育比赛形式。此后,这种活动形式又经古代的长期发展,内容更加丰富,很多项目已具雏形,为近代运动打下了基础。在整个近代体育领域中,比赛活动获得了越来越大的独立性,并被定名为"竞技运动"。在当代,竞技运动经过不断发展与演进,在理论和实践方法上日臻成熟,影响也不断扩大,成为遍及社会各阶层、波及世界五大洲的特殊社会现象。由于竞技体育极易吸引广大观众,极富感染力又容易传播,在活跃社会文化生活、振奋民族精神、提升国际威望、促进人民之间友谊、团结和交流等方面都具有积极作用。

(三)群众体育

群众体育亦称大众体育或社会体育,群众体育是以健身、娱乐、休闲、医疗和保健康复为目的的体育活动。由于群众体育吸引的对象主要为一般群众,活动领域遍及整个社会乃至家庭,所以被称为活动内容最广、趣味性强、参加人数最多的一项群众体育活动。群众体育作为学校体育的延伸,可使人们的体育生涯得以延伸。群众体育开展的广泛性和社会化程度,在一定程度上取决于国家经济、生活水平、闲暇时间和社会环境等因素。随着"全民健身计划纲要"的推行和落实,群众体育正在蓬勃兴起和发展。国民体育意识提高,体育锻炼的人数逐步增多,国家机构、企业、学校以及社会组织的不同规模的群众性体育活动十分活跃,从而带动了更多的人参加体育运动。目前,各种"康复中心"和"健身俱乐部"兴起,正在吸引大批体育消费者在"花钱买健康"观念的驱动下参加体育健身活动,这一切都表明群众体育有着广泛的群众基础和发展潜力。

三、体育各组成部分之间的关系

学校体育、竞技体育和群众体育三者之间既互相联系又互相独立,每类体育都有其独特的结构、功能、运行机制、运行规律和管理体制,同时也存在互相影响制约的内在联系,三者之间又存在区别,不能等同或相互取代。

(一)各组成部分之间的区别

学校体育、竞技体育和群众体育之间的区别体现在两个方面:一是三者之间的内涵不同。学校体育是促进学生身心全面发展、增强学生体质,使学生掌握运动的基本技能与技巧,培养学生道德品质的一种有目的、有计划、有组织的教育活动。随着现代学校体育内涵和外延的日渐丰富和扩大,学校体育不仅包括通过身体活动进行的教育,还包括竞技体育和群众体育;竞技体育又称竞技运动,是指以提高运动成绩和在比赛中获胜为目的的身体训练;群众体育泛指有益于身心健康发展的一切运动形式,是一个国家国民身体素质提高的基本条件和表现。二是三者的目的不同。学校体育重在增强学生体质,提高人的身心素质,促使人的全面发展;竞技体育重在创造新的运动成绩,培养运动员;群众体育以健身、康复、健美和休闲娱乐为目的。

(二)各组成部分之间的联系

学校体育、竞技体育、群众体育是国家体育事业的三个组成部分,各有自己的发展道路和工作规律,并建立起自身的普及与提高体系,三者之间是相互渗透、相互依赖、相互支援、相互促进的关系。一是学校体育为竞技体育打基础,主要体现在增强年轻一代的体质和掌握基本运动技能,少数人可能成为专业运动员;同时,学校体育通过发挥自身的教育功能,为群众体育运动的广泛开展打基础,教会人基本的自我运动能力和自我发展能力,还培养终身、全民、快乐的体育思想。二是竞技体育提高了运动兴趣,提高了群众体育意识,产生很大的社会效益,良好的社会效益又能推动学校体育与群众体育协调发展。比如竞技体育提供设施、人才和资金等,形成良好的体育氛围,带动群众体育发展,增强了群众体质。三是群众体育的良好开展为学校体育与竞技体育打下良好的基础,更有利于学校体育和竞技体育的发展。

四、体育的功能

随着时代变迁和科技发展,体育的功能也随之演变。在不同的历史阶段、不同的社会背景下,体育的功能也不尽相同。毛主席曾在《体育之研究》一文中谈道,"体育之效,至于强筋骨,因而增知识,因而调感情,因而强意念"。同时,体育的教育和政治功能也逐渐进入人们的视野。新中国成立以后,社会主义制度建立,体育功能在两个文明建设中也得到了发展。王德喜的论文《社会转型与体育功能的重构》认为,体育的功能是指体育对社会和个人的作用,主要有健身功能、军事功能、政治功能、社会功能、文化功能、教育功能、娱乐功能、经济功能等方面。本著作将体育的功能归纳为"健身功能、教育功能、经济功能、文化功能、政治功能"等五个方面。

(一)健身功能

健身功能包括六个方面:一是提高器官功能。坚持体育运动,能够有效提高器官功能。因为在运动过程中消耗的热量多,心肺功能也会增强,有利于防病治病。二是减肥瘦身。健身可以增强人体内肌肉含量,减去体内多余脂肪,塑造完美身材。三是提高颈椎功能。健身使颈部肌肉和韧带得到一定调整。四是改善身体循环。健身能够加快新陈代谢,促进人体血液循环,血液循环增快后,整个身体也被调动起来,带走血液中的垃圾。五是提高身体抵抗力。经常健身的人免疫力比较强,因为健身能够激发自身的抵抗力和免疫力,能够抵御疾病、抵御环境以及气温变化,减少感冒症状发生。六是改善睡眠状况。健身特别是适度健身,能够促进睡眠,保持良好的睡眠状态,改善失眠症状。

(二)教育功能

体育的教育功能是通过体育对人的身心的促进与发展,来促进教育目的的实现而体现出来。即便在奥林匹克运动中,体育仍然被认为是一种教育方式,即在道德范围和公平竞争的原则下促进人身心健康发展。体育的教育功能主要体现在:体育运动可以促进良好生活习惯形成;通过提供社会规范教育、社会角色尝试来促进人的社会化;通过促成个性形成、约束个性发展和养成进取精神来发挥体育在促成个性形成和发展中的作用。就学校教育而言,体育是学校培养"德、智、体、美、劳"全面发展人才的重要内容和手段。学校体育教育在增强学生体质的同时,让学生养成终身体育观念,把体育作为生活中必不可少的一部分,培养学生的规范行为、思想道德、集体意识、竞争意识,完善人格,激发学生的上进心。

(三)经济功能

伴随着经济发展,现代体育成为国家经济支持的一项产业化运动事业。经济功能包括四个方面:一是学校体育的经济功能。学生具有强健的体魄,提升社会抗压和团结协作能力,有利于提高就业率,良性循环下的学校体育经济有效促进社会经济增长。二是社会体育的经济功能。社会体育规模逐渐壮大,导致相关体育用品的消耗和对体育器材的需求量不断提升,品种繁多的体育模式使得体育器材市场和相关产业链也发展起来,带动相关领域发展。三是竞技体育的经济功能。购买体育比赛入场券是竞技体育初期的经济活动,竞技体育衍生其他体育用品等不断产生,促进经济领域流通。四是体育产业的经济功能。体育产业具有与其他产业相似性的特征,注重市场效益、讲求经济效益,又具有不同于其他产业部门的个性特征,其具有的独特性功能促进国民经济增长。

(四)文化功能

体育文化是人类本身需求的特殊反映,在体育生活和体育实践中创造出来,并通过有形的身体形态、动作技能和运动器材等物质层面,以及无形的与社会属性相关的意志、观念和时代精神反映出来,显现了各具特色的存在方式。体育文化的存在和发展,有助于健全和完善社会文化形态,有利于人类自身的协调和发展,展现一个国家的综合国力和国民精神。体育文化是围绕体育运动所形成的一切物质文明与精神文明的总和,包括体育认识、体育情感、体育价值、体育理想、体育道德、体育制度和体育物质条件等。体育文化作为一种独立的文化形态,文化内容逐步丰富,科学特征不断强化,反映了社会变革的客观规律和发展轨迹,折射了人类追求文明、注重和谐的文化趋向。体育文化的深入发展,不仅提高了人们对于体育的参与程度,对社会生活的促进作用也逐步得到认可。

(五)政治功能

体育运动是国际交往的舞台,也能够促进大至一个国家、一个民族,小至一个集体内部的安定团结。在全球化背景下,体育除了对政治及国际关系的传统影响力进一步增强外,体育的政治功能已经突破历史上体育直接作用于政治和国际关系的传统模式,在影响力、作用方式和作用途径上与传统体育的政治功能具有很大不同。体育以体育现象扩大化后的影响力,以体育产业形成规模后的经济功能,以"软权力"中特殊的文化功能,以及体育与环境等领域的密切关系,对政治及国际关系施加重大影响,成为体育作用于政治和国际关系、实现政治功能的新方式和新特点。正确认识全球化背景下体育政治功能作用方式和实现途径的转变,对把握新时期体育的发展变化,转变认识,正确利用和发挥体育对政治及国际的积极影响,促进体育事业健康发展具有重要意义。

第二节 体育教学的内涵

体育教学是诸多学科教学的一种具体形式,全面把握体育教学的内涵,必须全面了解教学的相关知识,深入分析教学的基本含义。

一、教学的概念

教学是在一定的教育目的规范下,教师的教与学生的学共同组成的一种教育活动。"教学"是一种动态行为,学生在教师有计划的组织与引导下,能动地学习、掌握系统的科学文化基础知识,发展自身的智能与体力,养成良好的品行与美德,逐步形成全面发展的个性。简言之,教学就是在教师引导下学生能动地学习知识以获得个性发展的活动。深刻把握教学的概念,需要从宏观和微观两个角度进行分析。从宏观角度,教学是一种特殊的教育活动,是指教学者以一种或多种文化为对象,对受教者进行教育,以期让受教者获得这种文化的活动,其中的教学者是掌握某种知识或技能的人,与接受教育的人共同构成教学主体;从微观角度,教学是教师进行教授和学生进行学习的一种直观的活动,在这个活动中,教师是教学的引导者,也是教学活动的组织者和知识的传授者,学生是教学的"受众"和主体。整体而言,教学是一种教育活动,这种活动需要教师和学生共同参与,并为了实现某一具体的教学目标而相互协作。

二、体育教学的内涵

体育教学是按照一定的计划和课程标准进行的有目的、有组织的教育过程。体育教学由教师和学生共同参与,向学生传授体育知识、技术与技能,增强体质,培养道德、意志和品质等。与其他形式的教学相比,体育教学同样需要系统的组织与管理,但与其他学科教学不同,体育教学对教学环境的要求更高,所需器材和教学场地更加严苛。因此,体育教学并不是一种随意的、随心而行的教学活动,更不能将体育教学等同于一种课余的休闲娱乐活动,需要很多要素才能够正常、合理、科学地开展。经过多年发展,现阶段体育教学的内涵主要包括"体育教学是一门学科、体育教学是教育的组成部分、体育教学是体育活动的组合"等三个方面。

(一)体育教学是一门学科

在体育教学体系中有着诸多构成要素,其中主要包括教学目标、教学内容、教学方法、教学模式和教学评价等内容。体育教学的目标主要是锻炼学生体能、提高身体素质、增进学生身心健康。体育是一门相对特殊的课程,配合德育、智育、美育、劳育等教育,促进学生身心健康的全面发展。体育教学的主要组织形式是课程教学,体育课程教学是指为了实现教学目标,以提高学生体能、促进学生身心健康为主的特殊课程教学。

(二)体育教学是教育的组成部分

体育教学是在体育教师的指导下,从运动科学、生物学、教育学、运动心理学、运动保健学和社会学等学科中吸收知识,在体育与健康方面有规划、有组织、有目标地以身体练习为主要形式的活动,体育与德育、智育、美育、劳育等方面的培养相配合,共同促进学生身心的全面发展。除了在运动能力上没有比较详尽的要求外,通过体育活动和体育训练使学生身心得到全面的锻炼与培养,这也是素质教育的主要内容及方法。

(三)体育教学是体育活动的组合

体育教学是有组织、有计划、有目标的体育活动的组合。现代体育教学是为了使学生在运动知识、运动技能、运动习惯和社会情感等方面和谐发展的有计划、有组织的活动。因此,在教学实践中,学生仅仅掌握教材的理论知识远远不够,必须是在亲身参与学习运动技能的基础上,进行动作技能训练,并且需要达到一定的标准,通过这种身体的感觉和感触才能学习并掌握技术动作。

第三节　体育教学的主体

体育教学主体包括体育教师和学生,体育教师是体育教学的主导,学生是体育教学的主体,教师的主导性与学生的主体性是相辅相成的关系,体育教学需要通过强化教师的主导性来调动学生的主体性。

一、体育教师

教师主导作用是教育教学过程中教师对整个教育活动的领导组织作用,表现为帮助学生明确学习目的和方向,规定教学要求和内容,对教材进行加工,选择运用恰当的教与学的方法,培养学生自主学习精神和自我教育能力。教师是一定社会教育目的的实现者、系统知识的传授者、教育活动的组织者和学生学习活动的引导者。教师在教学过程中发挥主导作用是由教师的职业特征所决定,主导作用发挥的程度有赖于教师的教学能力和基本素养。体育教师是体育教学工作的组织者与实施者,既有与其他学科教师相似的特点,也有自身的独特性。

(一)体育教师主导性的具体体现

体育教师主导性体现在三个方面:

1. 教材的设计加工者

在体育教学中,所用的素材特别多,很多素材都和现代竞技项目相关,体育教师因此成为体育素材和学生的联结者。体育教师在明确教学目标后,通过对学生的学习动机、学习兴趣、学习步骤以及学生原有的知识状况深入了解,从而编制教材并设计教学过程,用丰富的文字材料指导学生学习体育知识,同时结合具体情况对教学内容进行适当改进,教给学生实用的体育技能。

2.教学过程的设计者

对于教学内容的理解,教师具备了远远高于学生的认知程度,因此,教师需要运用专业知识和专业技能,巧妙地结合各种教学方法,创设各种教学情景,将体育知识和技能有效地传授给学生,引导学生高效地获得知识并且能够合理运用。

3.教学过程的管理者

教师是教学过程的掌控者,教学环境实现的保障者,通过对学生的学习态度和学习效果进行评价不断激励学生学习新知识。

(二)体育教师发挥主导作用的实施途径

体育教师要树立发展性的教学理念,重视以学生发展为本、尊重学生个性发展的特点,把教学与发展统一起来,用教学促发展,用发展推动教学;站在学生角度,从实际出发,制定既有系统性和理论性,又有具体性和可操作性的教学方法,使学生主动快乐地学习,实现体育教学目标。具体实施路径包括三个方面:

1.选择合适的教学方法

体育教学过程既要有全班形式,又要有分组形式,更要有个别方式,采用以身体练习、比赛活动和探究性活动为主的教学方法,合理安排运动负荷,循序渐进、引人入胜地组织教学,激活学生思维;适当地亲身参与辅助游戏,体现师生间良好的互动性;让学生有足够的空间进行自主发展和自我展示,有意识地对练习的内容进行改造与创新,培养学生的运动兴趣。

2. 创设丰富的教学内容

体育教学涉及的因素比较多,内容的选择也相对多样化。这些都需要在实际教学工作中发挥教师的主观能动性,增添充满娱乐性和趣味性的内容。

3. 使用多样的教学手段

进行技术教学,可以运用口哨和录音机等设备,增强学生的本体感受。现代教育技术中最常用的就是多媒体演示,通过视频和动画能够在一定程度上增强学生对事物的主观认识。

二、学生

主体性是指人作为活动主体在同客体的相互作用中所表现出来的功能特性。主体性最根本的内容是作为主体的人所表现出来的最突出、最集中的品质。学生的主体性是指在教育活动中学生在教师的引导下处理同外部世界关系时所表现出的功能特性。其含义表现为自主性、主动性和创造性。自主性是指学生要有"主人翁"思想和独立的意识及见解;主动性是指学生要有积极的心态和主动精神;创造性是指学生要有创新意识、创新品格和创新能力。在教学过程中,要始终体现学生的主体地位,教师应充分发挥学生在学习过程中的主动性和积极性,激发学生的学习兴趣,营造宽松、和谐的学习气氛。

(一)学生的主体性特征

在体育教学过程中,学生是主体,学生主要是获得间接经验,而不是直接经验。学生接受前人的认识成果,认识活动的客体主要是前人经验,这与人同自然或社会环境的直接接触具有较大不同。另外,学生获得直接经验的过程,只能作为一种辅助的认识活动,学生体力和智力发展在一定程度上限制了认知程度和认知能力。在大力提倡学生自主性的时代,仍然需要注重"度"的重要性,学生系统地学习和掌握前人的经验和知识,是未来创造性劳动不可或缺的重要手段。学生能动地接受教育信息,大脑不仅反映外界传入的各种信息,还能够对外界信息进行一定程度的加工与改造,改造的过程既取决于学生所接受的信息,也取决于学习的目的和意图。学生是教学活动的接受者,但并不意味着只是消极被动地接受,在加工与改造信息的同时,也会对教师的"教"产生反映,输出反馈信息。学生接受信息的效果在很大程度上源于自己的兴趣、价值观、学习能力和学习方式等因素。因此,为了获取良好的教学效果,体育教师与学生必须协调配合好。

(二)体育教学中学生主体性的体现

学生的主体性是在教学活动中作为主体的学生在教师的教授、指导和引导下表现出的积极态度和独立性、创造性的学习行为。在体育教学中,学生能够通过自身的主观能动性来获得学习的主体性。一般情况下,学生的主体性主要表现在以下两个方面:

1. 学习内容和方法的选择性

随着现代学校教学不断发展,出现了大量新的教学内容与方法,为了使学生得到更好发展,教育部门提倡学校采用学生主动参与教学过程的内容与方法,学生根据自己的意愿自由选择体育教学内容。在体育教学中,体育教师在对教学内容进行筛选后,学生才能够对体育教学内容做出合理选择。学生自主选择教学内容有利于提高学习体育的积极性,促进体育教学质量提高。

2. 学生学习的自主性

学生在体育学习过程中,通常会表现出一定的自主性,学生可以根据自己的兴趣爱好自由选择学习方式,保证良好的教学效果;学生能够独立支配自己的体育学习活动,具体表现为个性化学习方式和学习行为;在探究性的体育学习过程中,学生能够充分地发挥自身的想象力和创造力。

第四节 体育教学的特点

体育教学与一般课程教学有共同点,也有不同点。共同点表现在两者都是教与学的双边活动,都是教师有目的、有计划地指导学生自觉积极地学习与训练,掌握一定的知识技能,发展学生的认识能力,逐步使学生形成共产主义的世界观和培养道德意志品质。在这一过程中,教师的主导作用和学生的主体作用应始终密切结合。一般课程教学主要是通过思维活动,使学生掌握有关的科学知识与技能,发展学生的认知能力。而体育教学不但要使学生掌握一定的体育科学知识和体育锻炼的技术、技能,还要通过各种身体练习,发展身体,增强体质,因而具有与一般课程教学不同的特点。

一、教学内容的情感性

体育教学内容非常丰富,涉及多种与体育相关的内容,不仅包括球类、游泳、田径,还包括体育舞蹈、武术和瑜伽等内容。通过学习这些内容,学生从中体会到源自体育的丰富情感。体会到只有体育才能赋予的人体美和运动美。一方面,学生接受体育教学,掌握体育健身的方法和技能,达到运动塑身的效果,使身体外在形态保持优美的线条和良好的身材比例;另一方面,学生参与不同运动,认识到人体的动作美和肌肉的动态美,这种美也只有在运动中才能展现。在体育教学中感受美,促进学生审美能力提升。体育教学有助于学生领会体育的精神美,把握体育的精华,感悟体育精神的内涵与魅力。体育教学是一种创造性的社会活动,创造的成果就是让学生获得内在的顿悟和精神的启迪,有效影响或改变学生的心理行为,使学生的求知欲和对知识的需求不断得到满足,从而形成良好的心理定势。

二、客观条件的制约性

体育教学区别于其他学科教学的显著特点是受到多方面客观条件制约。从教学对象来看,体育教学中不仅在运动基础程度上要注意区别对待,还必须对学生的年龄、性别、生理和心理特点以及体质强弱等实际情况区别对待。由于身体发展的性别差异大于智力发展的性别差异,男生、女生在身体发育的不同时期,身体形态、机能水平、运动素质和运动功能等方面具有明显差异,在运动中的心理状态也有很大不同。因此,在教学设计、教材选择和教学组织等方面就要考虑性别差异。如果忽视了这些特点,盲目地进行教学,就有可能损害身体健康。体育教学对客观气候条件和场地、器材设备条件的要求也较高。体育实践课大多是在室外进行,受气候变化的影响较大。气候突变,会对体育教学带来极大不便。因此,体育教学应根据这些客观实际,从学年的教学计划到具体课时计划再到教材内容和教学组织方法,充分考虑季节气候特点,摆脱不利于开展体育教学的各项条件和因素,同时还要利用严寒和酷暑等条件培养学生适应环境条件、增强耐寒抗暑能力。此外,在体育场地和器材设备方面,要因地制宜、因陋就简地创造必要的条件。

三、教学过程的直观性

体育教学过程的直观性体现在"讲解、示范、教学组织与管理"等三个方面。

(一)教师讲解教学内容的直观性

教师讲解体育教学内容,要求语言生动,并且富有一定的肢体表现能力,使学生产生形象、贴切、有趣的感觉。尤其在某些较难的技术动作讲解时,教师不仅要对体育教学重点进行详细描述,还要用生动形象的语言对复杂的技术动作进行简单化讲解,做到深入浅出,以便于学生理解。

(二)教师示范动作技能的直观性

为了加深学生的理解和认识,体育教师有必要进行直观的动作示范和实践演示,无论是正确动作还是错误动作,都要非常直观地展现在学生面前,不存在任何的艺术加工和变形,这样才会使学生从感官上直接感知动作的正确与错误,有利于学生建立正确清晰的运动表象。当学生建立正确的动作表象后,再配合教师的讲解,使之与思维结合起来,从而掌握体育知识、体育技术和体育技能,改善身体素质,提高运动水平。

(三)教学组织与管理的直观性

在体育教学中,责任心强、活力十足、身体力行的体育教师往往能够取得更好的教学效果。教学组织与管理的直观性,有利于教师观察和帮助学生,更加精准地控制教学过程,为学生创造良好的教学环境,使学生表现出真实的言行举止,为体育教师得到精准而清晰的教学反馈提供便利。

四、身心训练的统一性

通常情况下,人们认为身体和心理是两种截然不同的事物,以往对体育教育的认识也大多从纯生理的角度出发，忽视了心理因素在体育教育中的重要作用，导致体育活动的价值受到很大限制。现代科学研究发现，身体健康能对心理健康产生改善作用，心理健康也能对身体健康产生重要影响。体育活动与"身心"紧密相关，是由"身"至"心"的过程，人体的智能层次同人体的生长发育控制核心两者重合在以大脑为中心的神经系统中。教育学和心理学的研究已表明，感觉和运动是认识发展的重要基础，体育活动具体地表征着身心关系的内在统一性。因此，从某种程度来说，体育教学具有要求学生身心共修的特点。体育教学重视对学生身体的改造，与此同时促进学生的心理与多种适应能力发展。这就要求在体育教学中营造不同种类的教学情境，一系列积极的情境使得参与其中的学生在潜移默化中受到感染。学生的身心发展看似是多元的，但实际上是一种身心统一的锻炼，达到身体与心理共同发展，表现出十足的统一性。身体发展是基础，心理发展依赖且促进身体发展。体育教学不仅可以促进学生掌握技能、发展身体、增强体质，而且有利于培养学生的思维方式和良好的心理品质，促进学生身心健康协调发展。

第五节 体育教学的原则

体育教学原则是体育教学过程中必须遵循的要求和规律,是人们在长期的体育教学实践过程中宝贵经验的总结,反映了人类对体育教学规律的把握和认识。

一、因材施教原则

"因材施教"就是强调教师要从学生的实际情况和个体差异出发,有的放矢地进行有差别教学,使每个学生都能扬长避短,获得最佳发展。体育教学中采用因材施教原则,能够培养和发挥每个学生的兴趣、爱好、特长,体现出学生个性发展的要求,有助于学生在认识领域得到发展,使学生从思想上、认识上、行动上逐步领会到体育教育的重要性和实用性。采用因材施教原则,必须从学生的实际出发,有的放矢地进行教学。学生之间体型的差异,人体表现为矮小型、肥胖型、瘦高型、匀称型。因此,在体育教学中教师就要灵活选择教学方法和项目。比如,矮小型善于技巧练习,身体灵活,柔韧性较好,但缺乏力量,影响跑步、跳高、投掷类项目成绩;肥胖型适合投掷类等力量型,但由于脂肪过剩影响速度、弹跳、柔韧性和技巧性的练习;瘦高型善于跳高、跨栏、跳远,但由于肌肉缺乏,影响到力量、灵活性;匀称型适合各种项目练习,在掌握各种学习内容后,能够协助教师发挥体育骨干的指导作用。所以在实施素质教育和发挥学生创新精神的今天,教师如何变"差异"为"闪光点",以此激发学生练习的兴趣,就要充分挖掘教材,因材施教,设计适合各种体型学生的教学方法,使每个学生享受到成功的乐趣。

二、巩固提高原则

根据遗忘规律和运动条件反射建立与消退理论,学生学到的知识与技能,在一段时间内如果不经常复习就会遗忘或消退。根据"用进废退"原理,学生对所学习的运动技能反复练习,有助于发展运动能力、身体素质和生理机能,起到强身健体的作用。因此,必须巩固学到的知识和运动技能。"学习如逆水行舟,不进则退""温故而知新"这些关于学习的哲理,充分揭示了巩固提高的重要性。体育教学大多为身体练习,如果不能得到巩固,就会随着时间的延长而消退,因此体育教学中遵循巩固提高原则十分必要。体育教师要合理安排训练计划,让学生进行反复强化练习,增加练习的密度,不断巩固运动条件反射,使运动技能获得进一步的巩固与提高。同时,制订合理的训练计划,使机体在巩固提高的过程中避免出现过度疲劳情况;体育教师要认真选择教学方法和训练方法,通过改变教学方法或练习条件实现巩固提高的目标;增加运动密度和动作重复次数,反复强化,不断巩固运动条件反射,提高技术水平、身体素质和体育能力;体育教师要布置适量的课外体育作业或家庭体育作业,将课内课外结合起来,达到巩固提高的目的;体育教师要定期提出新的学习目标,有目的、有计划地培养学生的体育运动兴趣。

三、终身体育原则

终身体育是法国教育家保罗·朗格朗在20世纪60年代提出的概念,指人的一生都要积极从事体育锻炼。体育教学应该培养学生对体育运动的兴趣和爱好,习得持续参与体育运动的意识和能力,使其能够在终身的过程中,不断地参与体育运动,保持身体健康和知识积累,从而享受高品质、健康、快乐和充实的人生。在培养终身体育的意识与能力过程中,学校体育是最重要、最关键的环节。在系统的学校体育教学过程中,通过科学化的知识体系、系统化的课程结构、组织化的教学过程、专业化的师资队伍,可以为学生的终身体育意识和能力奠定扎实的基础。体育教学应把培养学生的运动兴趣、爱好和专长放在首要位置,不应要求学生样样运动项目都要学习。实践证明,学生对运动项目样样都学,样样都不精,难以形成自己的运动爱好和专长,难以使学生形成体育锻炼的习惯。应根据学生的兴趣和爱好,有选择地学习一项或几项运动项目,形成自己的专长。有了专长,才能在专长运动中体验到成功感、愉快感和自我价值感,进而提高参与体育学习和活动的积极性,锻炼身体的习惯才能养成。

四、体验运动乐趣原则

让学生在掌握运动技能和进行身体锻炼的同时,体验运动乐趣、喜爱运动并养成运动习惯。体育是学生的学习活动,学生只有不断地体验到乐趣,学习动机才能得以充分地调动和不断地维持,身心愉悦的体育学习才是高质量的体育学习。

(一)正确理解和对待学生运动中的乐趣

一个成熟的体育项目都有其特有的乐趣,这些乐趣来自运动项目特有的动作和比赛特征,必须正确地理解和对待这些乐趣,既不能无视其存在,也不能盲目地去追求,要从"目标"和"手段"两个层面去理解。

(二)从学生的立场去理解体育项目

教师和学生有时对体育项目的理解并不相同,教师往往从"知识""教育"和"传授"的角度理解,学生往往从"玩儿""乐趣"和"挑战"的角度看待,这就需要教师把"体育学习"和"体验乐趣"紧密结合起来。

(三)让每个学生都不断地获得成功

体育是与学生身体条件密切相关的文化活动,学生的身高、体重和运动能力等,由于受遗传因素影响具有很大差别,有些学生在集体性体育活动和学习中很容易产生"劣等感"和"挫折感",必须改变教学内容和方法,让每个学生都有机会体验到成功。

五、合理安排运动负荷原则

运动负荷指人体在体育活动中所承受的生理、心理负荷量以及消耗的热量,由完成练习的运动强度与持续时间,以及动作的准确性和运动项目特点等因素来决定。体育教学中既要安排一定的运动量,体现体育教学的本质特点,还要使学生身体承受的运动负荷有效合理,满足锻炼身体和掌握运动技能的需要。

(一)安排运动负荷要符合学生的身体发展特征

运动负荷的科学性既体现学生身体的发展性,也体现对学生身体的无伤害性，教师必须了解学生身体发展的科学原理和各个阶段的特征，熟悉各个运动项目的特点。

(二) 安排运动负荷要服从体育教学目标

合理安排运动负荷是为了实现身体锻炼和技能掌握的教学目标。教师既不能忽略运动负荷对实现体育教学目标的决定性作用，也不能为了特殊课型需要而一味地追求运动负荷。

(三) 精心设计体育教学内容

体育运动项目及其中的身体练习多种多样，有的运动负荷大，有的运动负荷小，设计教学内容时，要考虑到运动负荷，要对教材内容进行必要的改造，不同的运动项目和练习方式要合理搭配。

(四) 逐步提高学生自我控制运动负荷的能力

教师需要传授体育运动原理、运动负荷以及运动处方等有关知识，教给学生自我判断运动量和调整运动量的常识，逐步掌握锻炼方法和运动技能。

第六节　体育教学的模式

体育教学模式蕴含特定的体育教学思想,是一种能够在特定的体育教学目标及教学环境下实现特定功能和有效教学活动的结构和框架。体育教学模式是运用较为简化的表达方式来组织开展教学理论和教学活动,也是连接体育教学理论和教学实践活动的重要桥梁。高校要坚持与时俱进的原则,时刻根据内外部教学环境的变化来不断创新体育教学理念,积极深化体育教育改革,逐步提升体育教育的质量和效果。特别是在体育教学模式上,高校要深刻自我剖析当前教学模式的优缺点,吸收和借鉴先进的国外教学理念,深化教学目标、组织形式、教育内容、教学方法等教学模式的改革,建构完整的大学生体育教学过程和教育体系,以更好地适应高素质人才的培养需要。

一、国外高校体育教学模式

受国家教育制度、社会文明程度和经济发展水平等多种因素影响,国外高校体育教学模式在"教学理念、教育目标、教学内容、教育评价"等方面均呈现出独具特色的表现形式。

(一)教学理念方面

国外高校将健身体育和终身体育作为核心理念和工作宗旨,贯穿整个高校体育教学实施过程。德国、美国和法国等国家高校特别重视大学生个性发展,将创新能力培养放在首要位置,增强健康体质的同时,注重培养体育锻炼能力和体育习惯养成,不断满足个性化发展需求。

(二)教学目标方面

国外高校注重以学生为本,从学生的身心健康出发,强调运动体验与感受,围绕增进健康、增强体质、加强体育道德教育来发展学生个性,促使学生形成良好的社会行为,增加体育兴趣和体育能力。同时,以能力培养为主线,创新教学理念、充实教学内容、完善教育载体,使体育锻炼成为大学生生活方式的重要组成部分,提高积极参与体育活动的自主性。

(三)教学内容方面

国外高校在体育课程设置中彰显学有所用的指导思想,通过开展体育活动培养学以致用的意识,激励积极探索精神,培养健康体魄,激发对体育运动的兴趣和热情。探索突破常规化教学,为大学生提供适合的体育运动项目,在寓教于乐中掌握运动技能、体悟运动快乐,使体育教学向实用性、人文性和多样性趋势发展。

(四)教育评价方面

国外高校体育教学模式呈现出灵活性、多样性和针对性等特点,对大学生能力的培养体现了显著的目标性,这不仅仅是体育运动技能的传授,还在于彰显人文体育运动精神,激发独立思考能力,培养创新创造意识,营造高雅的运动文化氛围。

二、我国高校体育教学模式

我国高校使用的体育教学模式很多,"三基型"是传统的教学模式,"三段型"受学校和学生的欢迎度相对较高,"并列型"和"一体化型"比较流行。综合来看,"选项式""分层式"和"俱乐部式"是比较优越的三种模式,具有强大的生命力。

(一)选项式体育教学模式

选项式教学可以为学生提供更大的自主性和选择空间,学生基于自身的兴趣爱好及身体情况、学校教学条件和教学环境等因素,选择对应的体育运动项目。相比于传统模式,选项式能够对课程精细化区分,树立健康教育观念,从而培养学生的终身体育意识。

(二)分层式体育教学模式

先由体育教师把握教学内容,并基于学生的实际情况,将同一个教学班的学生按照身体素质强弱、运动能力高低、体育合格标准成绩和达标成绩等因素,分为不同教学组别,根据不同组别设计不同的教学目标及教学要求。同时,综合考虑学生实际情况和身体素质,适当调整分组。分层式模式具有很强的针对性,避免了学生自主选课的弊端。

(三)俱乐部式体育教学模式

在当前高校体育教学改革中,俱乐部式教学模式受到广泛关注,在借鉴国外先进教育理念的基础上,采用俱乐部的组织方式,以学期或学年为单位,学生自主选择体育俱乐部,接受体育专项训练。俱乐部式模式能够给予学生相对较多的自主性,使学生能够根据兴趣爱好选择运动内容。在实践过程中,俱乐部式体育教学模式体现了自主选择课程内容、自主选择任课教师、自主选择上课时间等优势。但是,俱乐部式教学模式也存在缺陷,教师的指导作用弱化,并减弱体育学科的知识性、系统性和技术性,实际应用时需要结合高校自身情况。

三、体育教学模式创新的路径

体育教学模式创新的路径主要从"教育理念、教学内容、教学方法、考核机制"等四个方面提出。

(一)创新体育教育理念,全面提高大学生身体素质

坚持学生为主体,整合先进的体育教学资源,优化体育教学的课程设计与开发,拓宽体育教学认识,创新体育教育方式,增强体育教学的灵活性、有效性和针对性,发挥高校体育教学工作的整体性优势,全面提高体育教学工作的人性化和精准化水平。

(二)丰富体育教学内容,增强大学生体育参与意识

拓宽体育教学内容,丰富体育教学内涵,将道德教育、健康教育、休闲教育、运动教育和审美教育等有机融合,充分展现高校体育教学的时代性、融合性和多样性。拓展体育教学传播渠道,将健身性和文化性、科学性和实效性、操作性和有效性、民族性和世界性等有机融合,提高大学生主动参与体

育锻炼的积极性,增强体育教学的趣味性、目的性和实效性。

(三)改进体育教学方法,注重大学生自主锻炼

坚持两个课堂教学相结合,以第一课堂教学为基础,以第二课堂教学为主导,充分发挥体育课堂教学和课外活动的功能,提高课外活动的实效性,增强两个课堂教学的衔接性和关联性,在注重体育运动理论知识传授的同时,提升体育实践教学效果,以活泼的教学形式营造愉快生动的教学氛围,提高大学生对体育学习和运动的积极性。

(四)优化体育考核机制,建构科学的体育考评体系

体育教学评价机制由传统的应试教育向素质教育转变,淡化考核评价的甄选能力,加强考核评价的激励和促进作用,在评价内容、评价形式和评价方法上实现突破,实现体育考评体系的人性化、多元化和多样化。在考评体系内容设置中,将运动技能、情感态度、学习能力、人际交往能力和团队合作能力等纳入其中,将师生互评、学生自评与教师评价相结合,广泛征求师生的意见和建议,提高体育教学评价的准确性。

第二章
体育教学理论

关于理论和实践的关系,马克思主义认为,实践是理论的基础,是理论的出发点和归宿点,对理论起到决定性作用,理论必须与实践联系起来,为实践服务,随着实践的发展而发展。理论与实践相辅相成、缺一不可,理论产生的最终目的是更好地指导实践,不能任意割裂两者的辩证关系,孤立地强调一个方面。理论是自我封闭的逻辑体系,由概念和命题组成,理论的作用是为了解释现象背后的原因,或者构造事物背后的机制。教育理论是有关阐述和论证的一系列教育实践活动的行为准则,从完美主义的理想出发,教育理论和教育实践同处于一种和谐化的模式和状态中。通过深入研究体育教学理论,为体育教学实践研究提供指导。

第一节 元认知理论

元认知是认知活动的核心,在认知活动中起着重要作用。因为认识到元认知对于人类心理发展,尤其是学习等智力活动的价值,引发越来越多的教育心理学家和教育工作者开始了在教育实践领域内对元认知的研究,对于体育教学也具有指导作用。

一、元认知理论的内涵

元认知概念通过美国儿童心理学家弗拉维尔的观点第一次被大众知晓,按照他的观点,元认知就是个体关于自身认知过程及认知结果的知识,以及为达成具体目标,对认知过程进行主动监测和调节。之后,许多学者对元认知给出了各自不同的定义。在霍夫斯塔特看来,元认知就是跨出这个系统后去观察这个系统其中的认知加工过程;克鲁威表示,所谓的元认知,代表着一种专属于自己的具有积极主动性的反省认知加工过程;按照布朗和勃兰斯福特的观点,把以认知过程和结果为对象的知识和调节认知过程的认知活动都划入元认知范畴;威超克表示,对认知过程的自我意识和调控就是元认知的全部内容。尽管各位学者对元认知有着各自不同的定义,但这些定义都是通过"认知"这个对象发散出来,所以这也是元认知的主要根源。目前已有的元认知定义中,元认知研究的开创者弗拉维尔所提出的观点是公认的比较具有影响力和代表性的观点。

认知是指研究对象认识客观世界的过程,通过心理暗示来完成学习知识的过程,也是人通过感觉器官对外界事物进行信息加工的过程。元认知就是认知的认知,没有认知,元认知就没有对象。两者从本质上看,对象不同,但相互联系又彼此促进。元认知是一种高度抽象的认知,是个体对自己的认知加工过程的自我察觉、自我评价、自我调节。因此认知与元认知的区别就好比"思考"与"思考如何思考"的区别。元认知能力不是智力因素,而是随着年龄和能力增长,在认知活动中逐步提高与发展。儿童的元认知能力还未触及时,教师和家长潜移默化地指导、监管学习活动,当年龄增长和能力丰富后,逐渐由外向内转变。儿童的元认知活动最初在某个认知活动中成功应用,随着年龄增长范围逐渐扩大,最终贯穿整个认知活动。儿童随着年龄增长,元认知能力从无意识运用转变为有意识运用,最终达到自动监控调节。

二、元认知理论的结构

许多学者对元认知理论进行了研究,对于元认知理论的结构,目前学者普遍认为由元认知知识、元认知体验和元认知监控等构成。

(一)元认知知识

元认知知识是关于个体认知活动的知识和影响个体认知活动各种因素的知识,并且这些知识对个体认知活动产生一定影响。元认知知识分为三类:

一是个体元认知知识,即对自我的认识。一个人只有清楚地了解自己,才能发挥自身优势去解决问题。清楚地认识自己是解决问题的关键。

只有对自己有全方位的认识,才能做到取长补短,简称"知人"。

二是任务元认知知识,即对自己需要完成的任务有清醒的认识。学生在完成学习任务前,要对学习任务有一个简单的评判和估量,做到心中有数,这样就可以着重处理比较困难的知识,从而提高学习效率,简称"知事"。

三是策略元认知知识,即对认知过程中所用策略的认识,用好的方法解决问题能够达到事半功倍的效果。在此之前,必须掌握方法的优势和劣势,不同的方法适合解决不同的问题,只有对症下药,方可高效地解决问题,简称"知法"。

(二)元认知体验

元认知体验是指在认知活动过程中,个体感受到的一种认知体验或情感体验,内容主要包括两个方面:

一是认知过程中对知识获取的感觉。

二是认知过程带给自身的情绪、情感上的变化。这种体验存在被认知主体主动感觉到的可能性,也可能是主体一种无意识状态。元认知体验时间有长有短、内容有繁有简,体验内容可能是已经习得的知识,也可能是未知知识。

元认知体验主要包括了三个阶段,分别是认知活动过程中的初期、中期、后期。初期体验主要是对任务的熟练程度和难度,以及对完成任务把握程度等方面的感受,比如,学习前意识到可能成功或失败;中期体验主要是对学习进展或解决问题过程的体验,例如,学习过程中感受到知识的掌握程度或解决问题的难度;后期体验感受到的主要是关于活动结果是否达到认知活动目标、效率如何,以及在目标实现过程中的感受等方面,例如,学习后产生由成功带来的自信和喜悦感或由失败带来的难过、自卑、无力感等。认知活动的许多环节中都有元认知体验的存在,可以助推认知活动进行。而且,认知目标完成度也会受到元认知体验的影响,主体的学习兴趣和学习潜能被积极的元认知体验所激发,使认知活动更加高效。个体也可以通过自身的元认知体验了解认知任务的完成细节。因此,元认知活动的成功,离不开元认知体验的推动作用。

(三)元认知监控

元认知监控是指在完成认知任务的过程中,认知主体基于自身的认识和体验进行的一种主动性认知行为调控,使自己达到预期目标的过程。本质是一种自我监控。具体来说,主体实施元认知监控就是为了更好地达到预定目标,在进行认知活动时,认知主体将认知任务设定为目标,制订相应的计划,对整个认知过程随时进行自我监控和调节。元认知监控包括四个环节:①设置计划。按照认知任务要求,设定相应的活动步骤与方法,设计问题的解决方案并判断有效性;②认知监控。对认知过程实施全面监控与判断,发现存在的不足和失误并且进行修正,直至更换认知策略;③检查结果。按照有效的评价标准对结果进行评价,判断是否达成目标;④反馈补救。对认知结果进行反复检查,对已经暴露的问题做出相应的整改与补救,找出问题产生的原因,积极归纳总结,为后面的同类型认知活动积累经验。

元认知监控包括自我监视与控制,自我监视就是个体在解决问题时,监视自己解决问题的过程,如监视所采取的方法或手段是否有效。控制就是在监视的基础上,对过程采取相关措施进行调整。因此,元认知监控实施过程中,首先需要认知主体清晰地意识到自己准备用或正在用哪种方法解决问题,对所用方法的效果进行判断评估;之后就要实施控制,如果发现是好方法,就继续使用,若发现方法无效,就选择其他方法。实际上,个体自身做出的认知计划、监控与评价、调整与修正、反思与总结共同构成了元认知监控的内容,这些内容不断循环,是个体自主能动性的最好表现。在这样的元认知监控下,个体对自身的各种学习因素进行整合,优化了学习方法,学习活动变得更加高效。

三、元认知能力培养策略

元认知能力培养策略应以教育教学活动为主要途径,以训练为主要方式,目前普遍使用启问式策略、目标式策略和评价式策略。

(一)启问式策略

用启发式提问方法提高思维控制能力,围绕"是什么问题""制订什么样的计划""采取怎样的措施来解决这些问题""解决问题的计划、步骤、方法正确吗""为什么这样做""能否将这些方法运用于其他方面"等来提问。提问包括自我提问和相互提问。自我提问要求在解决问题时自己向自己提问以解释理由,引发学生对自己问题加工过程的审视,从而激发元认知体验,使注意力从指向问题本身转移到自身的加工过程,从而更好地监视、评价、调节、修正自己的认知活动,提高效率。相互提问指相互间按启发式提问策略中的问题设计互相提问,起到相互纠正、相互补充、相互促进的作用,进而提高元认知能力。

(二)目标式策略

目标是行动所要达到的目的和标准。元认知能力培养中的目标式策略,是指学生为自己制定一个目标来引导认知过程,从而提高认知水平。认知目标的确立对元认知能力培养具有导向、凝聚、推动、激励等多种功能。学习者应充分发挥自己的主体性,确立适当目标,寻求有效的达标措施,采取相应的监视调控手段,及时反馈、总结、矫正。确定目标时,要构建适当的近期、中期和远期目标体系,并且通过自己的最大努力能够实现目标。实现目标措施应根据自身情况和不同学科特点来选择,全面提高自己的思维策略和学习策略。

(三)评价式策略

评价式策略是对实现某种目标或执行某种任务结果的界定,包括他人评价和自我评价。通过对认知活动的效率和效果,以及元认知监控的优劣进行自我评价和相互评价,进而有效促进元认知能力提高。运用评价式策略时要注意以下几点:

(1)引导被评者充分认识"理想自我"与"现实自我"的差距,既要避免在冲突和挫败中放弃理想自我的追求,又要避免好高骛远、不切实际或裹足不前、满足现状的心理。

(2)防止被评者自尊心理的变态表现,努力消除不恰当的自卑感或优越感,使评价真正起到矫正、激励、完善和优化等作用。

(3)正确运用表扬和批评,促进学生相互评价和自我评价能力发展,形成科学、客观、高效的评价体系,从而有效增进学生自我意识发展,提高元认知水平。

四、元认知理论对教学的作用

元认知概念不仅理论上丰富了心理学研究,实践上对教学改革也具有重要的现实意义。从元认知的角度,学习过程并不只是对所学材料的识记、理解和运用,同时也是对学习活动监控与调节的过程,强调学生的主观能动性。任何时候学生都不是消极被动地接受或处理信息,教育主体性的本质特征在于促进人的自觉能动性和创造性发展,学生的元认知能力能够调动其自觉性和主动性,发挥主体作用,使师生间的交互作用、学生参与的积极性、学习娱乐性等因素充分优化,从而提高教学效率、减轻学习负担、培养学习能力,促进学生全面成才。

不仅如此,元认知能力还能够弥补一般认知能力不足,对学习困难学生的转化具有指导性意义。大量研究数据表明,学习能力强的学生元认知发展水平比较高,具有较多的有关学习及学习策略方面的知识,善于监控学习过程,能够根据学习任务需要灵活地应用各种策略,实现特定目标。学习能力差的学生则正好相反,虽然在有关知识水平方面同许多学习能力强的学生基本相同,但是有关学习策略方面的知识却比较贫乏,也不善于根据材料或学习任务不同灵活采取不同策略。这表明在具备一定智力水平的基础上,对学生进行元认知能力培养与训练是提高学习能力的重要方法。

教学实践中由于应试教育影响,许多教师只重视教学结果,忽视学生主动对学习过程和学习方法等方面进行有效的监控、评价与改变,也忽视了学生对学习结果的及时反馈,产生事倍功半的效果。让学生掌握新的学习技能,自我监控与调节、自我指导与自我检查,对适应未来、获得成功以及终身学习与自我更新非常必要。给学生学习方法的指导,提高元认知水平,可以为教师开辟一条高质高效的教学途径,满足社会对人才的高要求,真正促进素质教育目标实现。综上所述,元认知理论对当前的教育改革具有重要的启迪和指导作用。

第二节 学习动机理论

动机是指激发并维持行为活动的内部驱动力。学习动机是指激发并维持学习活动的强大推动力,激励和指引学生进行学习的一种内部需求。不同心理学家对于学习动机的理解不尽相同,精神分析心理学家弗洛伊德强调内部驱力的作用,认为学习动机的激发主要是指导或控制内部驱力;行为主义心理学家斯金纳强调外部刺激和强化的作用;人本主义心理学家马斯洛和罗杰斯则认为,学习动机是自我实现的需要。虽然这些都是对立的理论观点,但核心价值是不变的,就是如何激发或提高学生的学习动机。

一、学习动机的分类

学习动机不是与生俱来,而是在长期的社会生活和教育影响下逐渐形成,经历的社会生活和教育不同,反映在头脑中的学习动机也就不同。研究者从不同角度对学习动机进行了分类。

(一)直接动机和间接动机

根据学习动机的作用与学习活动的关系,可以分为近景的直接动机和远景的间接动机。近景的直接动机与学习活动直接相连,来源于对学习内容或学习结果的兴趣。例如,学生的求知欲、成功的愿望、对某门学科的浓厚兴趣,以及教师生动形象的讲解、教学内容的新颖等都直接影响学生的学习动机。这类动机作用效果比较明显,但稳定性比较差,容易受到环境或一些偶然因素影响。远景的间接动机与学习的社会意义和个人的前途相连。例如,大学生意识到自己的历史使命,为不辜负父母的期望,为争取自己在班集体中的地位和荣誉等都属于间接性的动机。那些高尚的、正确的间接性动机的作用较为稳定和持久,能激励学生努力学习并取得好成绩。而那些为了自己的名声、地位的动机作用的稳定性和持久性相对比较差,容易受到情境因素的冲击。

(二)内部动机和外部动机

内部动机是指由学习本身兴趣所引起的动机,或是学习活动过程本身的因素诱发出来的动机,参与学习的动力来源于学习者和学习活动本身,不需要借助外力影响。这种学习动机对学习行为具有持久的推动作用,具有内部动机的学习者具有强烈的求知欲望,渴望获得有关的知识经验,学习积极、主动,不轻言放弃。外部动机是由学习过程之外或之后的刺激诱发出来的动机,动机的满足不在学习活动内部,而是在学习活动之外,学习者感兴趣的不是学习活动本身,而是学习活动的结果。外部动机与内部动机相比,具有较强的指向性和较大的可变性,受外在诱因影响,随着外部条件的变化而变化,一旦诱因发生了变化,外部动机的强度也会随之发生变化,如果不能得到及时有效的调节,就有可能影响学习效果。教师要善于利用外部动机使学生逐渐形成内部动机,并设法使内部动机处于持续的激发状态。

(三)一般动机和具体动机

根据学习动机起作用范围不同,可将学习动机分为一般动机与具体动机。一般动机是在许多学习活动中都表现出来,稳定、持久地努力掌握知识经验的动机。该类动机广泛存在于许多活动中,表现在对不同科目、不同课题、不同内容的学习都具有强烈动机。一般动机主要产生于学习者自身,与其价值观念和性格特征密切相连,因而也称为性格动机,具有高度的稳定性。具体动机是在某一具体学习活动中表现出来的动机。由这种动机支配的学生,常常只对某一门或某几个学科或内容感兴趣,而对其他学习内容则不予注意。这类学习动机多半是在学习过程中因学业成败或师生关系的影响而逐渐养成。由于这类动机主要受到外界情境因素的影响,因而也称为情境动机,其作用是暂时的、不稳定的。

二、学习动机的作用

学习动机能够促使学生进入学习状态,开展各种自觉的、有意识的学习活动,激发学生学习的主动性,使学生能自觉、自愿、主动地投入学习。学习动机能使学生达到学习目标之前保持学习活动的强度,克服学习活动中的各种困难。学习动机越高,努力程度越大,持续的时间就越长。学习动机与学习之间是相互作用的关系,学习动机驱动学习,学习又能产生或增强后续学习动机。如果学生因为某种原因学习体育知识,学会了体育知识会使其获得乐趣,成功的体验以及自我能力提高,从而更愿意进一步学习体育知识。持续的学习动机不是通过"传递"或者"灌输"获得,而是通过学习自身的强化获得。

一般来说,学习动机并不直接卷入学习认知过程,而是通过一定的中介机制影响认知过程。强烈的学习动机具有多方面作用:①有助于唤醒学习情绪,产生好奇、疑惑和兴奋等情绪;②有助于快速进入学习状态,激发学生积极主动地学习相关背景知识,降低在学习过程中的反应时间,提高学习效率;③有助于集中学习注意力,将学习活动指向认知内容或者学习目标,克服分散注意力的影响;④有助于提高努力程度和意志力,增强学习的认真程度,努力克服困难,直到实现学习目标。

三、学习动机与学习兴趣的关系

兴趣被定义为"喜好的情绪",这是一种积极的心理趋向,是指人们在完成对自己有吸引力的事情时所产生的快乐兴奋的情绪状态。兴趣与动机相互联系,都是以人类的需要为前提,兴趣是动机的外在表现,动机是兴趣的产生基础。但是,兴趣和动机又不完全相同。首先,兴趣是深层次的动机。个体对探索某一事物产生了动机,并不一定能够发展成为兴趣,但个体对探索某一事物的兴趣一旦形成,个体的积极探索行为就必然伴随着想要深入了解事物的动机。其次,兴趣的产生和巩固由行动的结果所获得的满足感来保障。换言之,一个学生如果仅有学习动机而没有真正采取学习行动,那么可以判断这名学生根本没有产生学习兴趣;而如果有学习动机,也采取了具体行动,但结果并没有使学生获得期待中的满足感,那么学习兴趣也难以产生。总之,学习动机是学习兴趣的推动力,只有持续不断地激发学习动机,才会一次次促进学习行为产生,才有机会使学习过程形成满足个体的结果,才有助于学习兴趣产生。为了巩固和深化学生的学习兴趣,教师要深入理解学习动机与兴趣的关系,采取适宜学生心理成长和发展特征的教学方法、策略和技巧,激发学习动机,培养并巩固学习兴趣,使学生产生学习的内驱力,以达到好学乐学的境界。

四、学习动机相关理论

由于学习动机的多样化,导致对学习动机作用的解释也多种多样,由此派生出多种不同的动机理论,分别强调不同的侧面。

(一)强化动机理论

"强化"概念最早的使用者是诺贝尔生理学或医学奖获得者巴甫洛夫。在巴甫洛夫的经典条件反射实验中,通过动物对食物的反应特征研究发现,如果在给动物喂食的过程中附加一个中性刺激,久而久之,动物就会在只有中性刺激的情况下引起唾液反应。原本就能引起唾液反应的刺激称为无条件刺激,中性刺激称为条件刺激。这两种刺激互相结合次数越多、时间越长,动物就会引起条件反射,即只通过条件刺激引起唾液反应。这个过程就被称作强化。美国心理学家斯金纳在前人研究基础上提出了强化理论,与巴甫洛夫不同,斯金纳在实验中提出了操作条件性反射,传统的巴甫洛夫条件反射只能是改变动物某一反应的刺激强化物,而斯金纳的操作条件性反射则可以使动物形成新的行为模式。强化动机理论主要由行为主义心理学家提出,认为人类一切行为都是由"刺激—反应"所构成,无论是外部或内部强化,都有正强化和负强化之分。一般正强化能起到增强学习动机的重要作用。例如,得到教师或家长表扬、获得优异成绩等,都是正强化手段;负强化一般起着减弱学习动机的作用。在学习中,教师可以通过鼓励或表扬等多种手段让学生慢慢体会到成功的喜悦感,并逐步意识到学习的重要性,最终便会慢慢主动地参与到学习活动中来,从而激发学习动机。

(二)需要层次理论

马斯洛需要层次理论是人本主义科学的理论之一,将人类需求像阶梯一样从低到高按层次分为五种,分别是生理需要、安全需要、社交需要、尊重需要和自我实现需要。生理需要是人类维持生存和发展最原始、最基本、最低级别的需要,包括人对食物、空气、水、住房、休息等的需要。"如果所有需要都没有得到满足,并且机体因此而受生理需要的主宰,那么其他需要可能会全然消失,或者退居幕后"。即当一个人的生理需要得不到满足时,其他需要将具有激励作用。如果一个人极度饥饿,那么除了食物,对其他东西毫无兴趣。当生理需要得到基本满足之后,就会出现新的需要,渴望安全、稳定,避免自身生命、财物等受到侵犯。在安全需要得到满足之后,社交需要就会产生,这意味着和谐的人际关系成为生活重心。人渴望有社会交往,良好的人际关系、人与人之间的感情和爱,能得到他人的接纳和信任。然后是尊重需要,包括对自己的尊重和得到别人的尊重,渴望获得名誉、地位、赏识、认可,进而更自信自强。最后是自我实现需要,即个人通过完成与自身能力相符的工作,充分地展现自己的才华,发挥自己潜在的能力,实现自己的人生价值,使自己得到全面发展。通过满足学生的各种需要来激发学生的学习兴趣,积极参加体育运动,奠定终身体育思想。

(三)成就动机理论

成就动机是人们完成任务时力求获得成功的内部动因,即一个人认为重要的、有价值的事情愿意去做,并努力达到完美的一种内在推动力。最早研究成就动机的是学者默里,提出了成就需要。后来,麦克莱伦进一步发展默里思想,认为成就动机是个体愿意完成重要或有价值的任务,并力求达到完美程度的一种内在推动力。成就动机促进学生树立目标、提高能力、克服困难,并在竞争中获得好成绩。具有高成就需要的个体,通常是一些具有开创精神的人,能够察觉到挑战并能成功应付挑战。阿特金森认为,成就动机包括力求成功的动机和避免失败的动机,成就动机的强度包括三方面:①稳定的力求成功的个体动机倾向,这是在生活中形成的稳定的人格特性;②人对成功的期待,这是人对某一任务是否成功的概率认知;③成功的诱因值,这是人在成功或失败时体验的情感变化。成功的期待和成功的诱因值之间是互补关系,任务难度越大,认知到的成功可能性越小,对成功的满足感越强。关于成就动机理论,奥苏泊尔根据学习动机构成,把学校情景的成就动机分为认知内驱力、附属内驱力和自我提高内驱力。认知内驱力要求了解与理解知识,阐述与解决问题的需要;附属内驱力是学生为了得到别人赞许或认可,表现出把学习或工作做好的需要;自我提高内驱力是个体因胜任能力或工作能力,赢得相应地位的需要。

(四)成就目标理论

成就目标是指学习者对学习活动和学业成就的目的或意义的知觉。德韦克的成就目标理论是建立在成就动机理论与成败归因理论的基础之上,在其能力理论的背景下形成的一种学习动机理论。德韦克认为人对于能力持有两种不同的内因观念,即能力增长观和能力实体观,能力增长观与能力实体观的争议点在于能力是否改变。能力增长观认为,能力可以通过后天学习习得,即能力可以改变,通过学习可以提高。能力实体观认为,能力是先天禀赋,后天经验与努力不能在本质上提升能力,即能力是固定的,不会随学习的推移而改变。持有能力增长观的人认为可以通过努力提升能力,相信能力和努力是一种正向关系。这种认知会变成内心的倾向性,努力可以获得能力提升,如果通过努力获得了成功,就会更有成就感、自豪感和愉快感,即使失败也认为是努力不足所致,不惧怕失败。这样,面对困难的积极情绪会变成积极行为的催化剂,因此,持有能力增长观的人会选择具有挑战性的目标,即中等难度目标,具有一定难度也具有一定风险,且能够坚持不懈。与能力增长观相反,能力实体观认为能力是一种反向关系,因此更向往低努力成功。如果成功是自身能力强所致,而失败就代表能力不足。在情绪情感上,这种由于能力不足导致的失败,容易导致焦虑、羞耻感等消极情绪产生,困难情境中的畏缩会再次作用于未来行为,导致在行为上选择能够证明其能力、避免凸显能力培养不足的任务,因此会选择过于简单或过于困难的任务。

(五)自我价值理论

自我价值理论是科温顿在借鉴麦克利兰和阿特金森的成就动机理论,以及韦纳归因理论的基础上,立足于关注学生的情感需要,结合学生自身需要从现实角度出发所提出。学习动机的自我价值理论认为,逃避失败,维护自我价值感是学习动机的重要方面,学生自身的能力观和充满竞争的教育环境是造成逃避失败的主要原因。为了有效地逃避失败,经常会采取假努力,设置自我障碍等策略进行自我保护。自我价值理论表明,学习动机培养应从内部动机着手,重在培养积极的信念。根据学生追求成功和避免失败的倾向,将学生分为四类:

一是高趋低避型,又称为"成功定向者",这类学生拥有无穷的好奇心,自信、机智,对学习有极高的自我卷入水平,能够通过不断地刻苦努力发展自我。

二是低驱高避型,又称为"逃避失败者",这类学生逃避失败要重要于对成功的期望,对学校和生活感到持续的厌烦和无聊,大部分时间无精打采,倾向于用短时间"猛攻"来换取更多时间的悠闲。

三是高驱高避型,又称为"过度努力者",这类学生同时受到成功的诱惑和失败的恐惧,往往有完美主义倾向,给自己太大压力,处于持续恐惧之中。

四是低驱低避型,又称为"失败接受者",这类学生没有对成功自豪的期望,也没有对羞耻感的恐惧,内心很少有冲突,学习的机会和时间也非常有限,面临学业挑战时表现出退缩的状态。自我价值理论对于教学具有重要启示,合理利用奖励,确保学生获奖的机会相等;提供具有挑战性的任务,让学生感受到自己对于学习的控制;鼓励设置学习目标,帮助学生获得积极的学习理由;培养能力的增长观,使学生形成积极的能力信念。

(六) 自我决定理论

自我决定是一种关于经验选择的潜能,是在充分认识个人需要和环境信息的基础上,个体对自己行动做出自由的选择。这种潜能引导人们从事感兴趣、有益于能力发展的行为,以及形成与社会环境的灵活适应。自我决定理论是由美国心理学家德西和瑞安提出的动机过程理论,建立在人是积极的有机体,具有与生俱来的心理成长和发展动力,使其努力掌控环境中的挑战,并将其整合到自我概念这一基本假设之中。自我决定理论将动机划分为内在动机、内化动机和外在动机,内化动机是指由外在因素激发个体对学习活动意义的内在认同和追求,并成为学习的主导动力。自我决定理论分为四个子理论:

一是认知评价理论,关注外部环境对内在动机的直接影响,指出当学习者感到能够适应社会环境时,自身的成就感就会得到提升,内在动机水平也会随之增高。

二是有机整合理论,指出社会环境可以影响推动或抑制心理动机内化的过程,强调外部条件满足动机需求时,自主动机倾向就会越明显,有助于完成动机内化。

三是因果定向理论,将人类的动机取向区分为自主定向、控制定向与非个人定向三种类型,并描述了三种类型个体的行为特征。

四是基本心理需要理论,系统阐述了人类基本心理需求和心理健康之间的关联,指出了人类主要有三种心理的基本需求,即能力需求、人际关系需求和归属感需求。自我决定理论具有比较完整的理论框架,涵盖了较多的动机类型,动态地观察各种动机类型,可以有效地评估学习者的学习动机,为动机研究提供了新方向。

(七)自我效能感理论

自我效能感指人们对自己是否能够成功地进行某一成就行为的主观判断。美国当代著名心理学家班杜拉提出了"自我效能感"这一概念,随后又进一步发展和完善了自我效能感理论。人的行为受行为的结果因素与先行因素影响,行为的结果因素就是通常所说的强化。在学习中没有强化也能获得有关信息,形成新的行为。强化能够激发和维持行为的动机以控制和调节人的行为。但是,行为的出现不是由于随后的强化,而是由于认识了行为与强化之间的依赖关系后,对下一步强化的期望。自我效能感包括三层意思:①自我效能感是对能否达到某一表现水平的预期,产生在行为发生之前;②自我效能感是针对某一具体活动能力的知觉,与能力的自我概念不同;③自我效能感是对自己是否达到某个学习目标或特定学习表现水平的主观判断。自我效能感不仅是个体对某一行为活动的预估,而且直接影响个体在活动中的心理过程和功能发挥。自我效能感理论克服了传统行为主义重行轻欲、重智轻情的倾向,把个人的需要、认知、情绪结合起来研究人的动机,重视学习过程中社会因素和认知因素的作用,突出学生的主体性和社会性,为教学工作开展提供了启示,成功的教学要从简单做起,从最小或最简单的步骤开始学习习惯;鼓励学生成功,并相信他们有取得成功的能力;让学生体验成功,帮助学生取得成功;避免自我效能高的学生向自负的方向发展,如果过分相信自己的能力,而不尽力去工作,往往会导致失败。

第三节 体育社会学理论

体育社会学是运用社会学的观点、立场和方法,把体育作为一个不断发展变化的整体,在外部研究体育与其他社会现象的关系,在内部研究体育内在的社会关系、社会功能、社会结构和社会过程,以推动体育与社会和谐发展的一门学科。体育社会学理论源于体育运动实践,依赖于体育运动实践的推动,其价值在于运用独有的学科视角和专业优势,解答体育运动中产生的各种社会问题,为体育运动的良性运行和健康发展提供理论依据。

一、体育社会学中的布迪厄理论

布迪厄并没有做系统持续的体育社会学研究,然而,其为数不多的体育运动论述却对法国体育社会学产生了深刻影响,成为法国体育社会学的开创者。布迪厄的社会学理论被法国体育社会学家接受和使用,进而形成了布迪厄派的体育社会学,以惯习和场域等核心概念为中心构筑了体育社会学的理论框架。此外,还有一些法国学者形成了反布迪厄派的布罗姆派,试图批判性地把握"权力"和"资本主义"在体育社会学研究中的应用。

(一)波谢略对布迪厄体育社会学理论的扩展

法国学界的体育社会学研究有两种类型,即以心理社会学和激进的政治社会学为基础观点的研究途径。波谢略提出了与这两者不同的第三条道路,即社会文化研究途径。这一研究深受布迪厄的体育观念影响,关注的研究对象与布迪厄在"个体如何成为运动员"中所雷同。波谢略在研究中反复提及布迪厄在《区隔》中的一些内容,尝试将布迪厄的社会学应用于体育研究,积极使用惯习、资本、场域等布迪厄的核心概念;各体育项目间的差异并非由体育项目本身客观层面的因素所决定,而是要考虑人们的主观看法。波谢略在研究中引用布迪厄的惯习概念,包括体育项目和身体是否能够相结合、体育的选择和爱好等,这些正是与惯习相关的研究对象,指出运动员社会出身不同,与体育相关的方式也迥异等现象,并以此论述了体育和惯习。波谢略在20世纪90年代后,拓宽了布迪厄体育社会学的研究讨论,不局限于该理论体系下的研究,更加关注以体育为对象的系统化分析方法。

(二)德弗朗斯体育社会学的系统化

法国学者德弗朗斯与波谢略共同引领布迪厄派体育社会学,著作中也大量引用布迪厄的场域概念。与波谢略的研究思路不同,德弗朗斯在体育研究中不仅运用布迪厄社会学的几个特定概念,而且从布迪厄理论中引入他认为必要的理论和方法,发展了布迪厄社会学理论在法国体育社会学研究中的运用,引领了法国体育社会学研究的进程,在德弗朗斯的代表作《体育社会学》中可窥见。这本书是法国体育社会学界知名的理论著作,核心内容包括近代体育制度的起源、体育和社会结构、体育文化、体育的社会功能、组织及其协调管理、体育的定义及其要点。尽管德弗朗斯的体育社会学体系在一定程度上受到了布迪厄的影响,但也可以看出他自己对体育社会学的构想。从该书的写作脉络上看,参照了很多布迪厄的社会学理论以及布迪厄学派以外的研究,并依据布迪厄的理论范式进行了总结,这是运用布迪厄理论对体育社会学系统化所做的有益尝试。

(三)布迪厄派体育社会学的新发展

布迪厄本人并没有通过多种形式对体育现象进行论述,受布迪厄影响的体育社会学是由其他研究者发展起来的。这样就产生了一个问题,即如何理解和判断每一位研究者选取布迪厄社会学理论中的哪一部分来分析体育现象。由于布迪厄概念体系所呈现出的开放性,在体育社会学的研究中,几乎所有的研究者都有可能通过自我方法来运用布迪厄的理论范式进行分析。此外,波谢略和德弗朗斯在20世纪90年代也从自己的立场出发,尝试布迪厄体育社会学化,从而使得布迪厄社会学和其他学说可以自由组合。学者华康德指出了布迪厄体育社会学研究的一个方向,即布迪厄派民族志学。以华康德对拳击比赛研究为例,为了研究拳击运动,他参加了芝加哥黑人贫民窟拳击馆中的比赛,跟踪拳击手们的日常生活,对困扰他们的种族和贫困等问题以及拳击手所具备的社会条件进行分析。在民族志学中,身体由个体支配的研究方法并非完全源于布迪厄的理论范式,而是一种全新的方式。华康德在继承了布迪厄的社会学研究某些观点的基础上,展示了一个新的可能性。

二、微观体育社会学基础理论

体育社会学研究领域分为宏观领域和微观领域。宏观领域是基于社会与文化的宏观背景来研究体育社会学,体育与社会的关系、体育的社会地位、体育的社会价值、体育的社会变迁等都属于宏观领域。微观领域的范畴主要从体育意识与体育价值观、体育消费、体育与社会流行、性别及大众传媒对人们参与体育的影响等。

（一）符号互动理论与微观体育社会学

符号互动理论不同于社会学研究中比较流行的功能主义理论和冲突理论，转而以社会个体之间的互动以及互动所产生的意义为关注对象。符号互动论的基本假设是社会个体在做出行动时有许多态度和选择，而这些态度和选择以个体彼此互动所创造的社会意义为基础。符号互动论者并不以实验或者问卷调查的方式探寻事物的因果关系，更多采用与人类学方法相结合的方式，通过参与式观察和深度访谈来获取行为和事物所具有的关系和意义。运用符号互动理论研究体育运动，更多关注人们如何形成与体育运动相关的各种意义和认同，以及这些意义和认同又是如何作用于人们在体育运动相关的选择和行为上。总体来说，符号互动理论应用于微观体育社会学研究，大体可分为体育社会化研究、体育亚文化研究和体育社会问题研究。

（二）群体动力理论与微观体育社会学

群体动力学是现代微观社会学研究中的重要流派，群体动力理论对社会心理学、组织管理心理学的形成和发展产生很大影响，特别是对研究群体行为做出了很大贡献。群体动力理论与微观体育社会学研究包括三个方面：

1. 关于运动员偏离行为的研究

运动员群体内部一旦有人产生偏离行为，且产生的目的与群体目标之间的结合较为紧密，就会逐渐在群体成员之间形成一种效仿效应。

2. 关于非政府体育组织与体育社团的研究

人们的体育需求及相应的体育行为也在不断精细化和多元化，这催生了更多的以满足小范围群体体育需求为宗旨的体育组织和体育社团。

3. 关于运动队的研究

良好的群体凝聚力能够进一步激发运动员的群体整合效应,进而形成理想的心理优势,保证运动员在比赛中正常甚至超常发挥,取得理想的运动成绩。

(三)拟剧理论与微观体育社会学

拟剧理论是指美国学者提出的一种解释人类行为的理论。在人际互动过程中,行动者总是有意无意地运用某种技巧塑造自己给人的印象,选择适当的言辞、表情或动作来制造印象,使他人形成对自己的特定看法,并据此做出符合行动者愿望的反应。拟剧理论可以应用于对体育运动中小群体组织成员间"资格认定"的问题研究,例如,运动队成员如何得到其他成员对自己的资格认定,新加入运动队的成员需要以较快的速度洞察队内所奉行的集体观念和亚文化,并且判断出队内成员在日常生活中扮演的形象具备哪些特点,以及成员之间对于彼此形象的期望水平,然后根据这些观察所得来规范自己的行为,进而表现出能够让其他群体成员接纳的形象,这样其他成员才能够在一定程度上对自身的运动能力及队内地位产生接纳态度。

(四)行为主义与微观体育社会学

在对运动队进行研究时,行为主义理论提供了一种新的研究视角,即脱离之前关于群体外部因素的探讨,转而将研究点设置于群体成员之间,通过参与式观察法和深度访谈法,了解运动队成员之间如何在训练和比赛中进行沟通和互动,了解运动队内部遵循的集体情感和群体亚文化,了解除明确规范之外群体成员自我约定俗成的群体规范,以此来判断运动队成员的群体行为,以及运动队可能出现的发展趋势和演变方向。总之,体育运动参与的形式多样性和集体性意味着在体育运动中会出现不同层次和不同规模的小群体。这些群体的行为和态度不仅受到外部社会因素约束,还会受到群体成员之间情感和行为互动的影响,因此,在宏观体育社会学难以有效解释的情况下,微观体育社会学中的行为主义理论开辟了新的研究视角。

三、体育社会学理论应用拓展

正确认识与把握体育与政治、经济、教育和社会发展之间的关系是体育理论的基本问题。正确认识体育与政治、经济、教育和社会发展的关系,有利于在实践中处理好这些关系,为社会的全面进步与发展服务。

(一)体育与政治

体育从诞生之日起,就与政治结下不解之缘。政治关注全人类生存命运和生存幸福,体育关注人类生活方式和生存健康,两者之间有着文化共性。现代体育及体育文化中蕴含着"科学、民主、和平、友谊"等文化主题,实际上是全人类共同关注与追寻的命题,也是各国家、各民族共同面临的政治问题。正因为体育文化精神层面中包含这一政治文化要素,才能使不同种族、不同民族的世界各国人民对体育的功能及其文化特性达成共识。政治通过各种文化形式与手段影响和制约体育及体育文化的发展,而体育也通过其特有的文化手段规避政治的影响,实现体育对政治的反哺。政治介入既能促进体育发展,也能为体育发展设置障碍;而体育亦能凭借独特的魅力给予当代社会政治以反作用,在人类社会自我调节机制中发挥特殊作用。

(二)体育与经济

经济是体育发展的基础,一方面,经济决定体育发展的水平及其发展规模,人均国民生产总值的增长和国家经济实力的增强,国家和全社会有可能给体育运动投入更多的人力、财力和物力,以支持体育事业的发展,从而使体育运动的规模不断扩大;另一方面,经济决定着社会对体育的需求和体育娱乐形式,随着经济水平提高和人均收入增长,体育健身、健美、舞蹈、游泳、网球、保龄球、高尔夫球、滑雪、攀岩和漂流等项目,都成为不同人群喜爱的体育活动。

体育对经济发展的作用体现在:一方面,体育运动对增强劳动者素质具有促进作用,体育可以使青少年经常参加体育锻炼,有利于身心的健康发展和意志性格的培养,形成良好的身体形态,使之成为合格的劳动者;另一方面,体育产业对经济发展具有促进作用,丰富了人民群众的消费方式,推动了体育事业的发展和繁荣,促进了市场经济发展。

(三)体育与教育

学校体育是教育的重要组成部分,是全面发展身体,增强学生体质,传授体育知识、技能,提高运动技术水平,培养道德和意志品质的有目的、有计划、有组织的教育活动。学校体育是按照教育方针的要求,以体育运动的形式,有计划、有组织地对受教育者的身体方面施加一定影响,为培养合格人才服务的一种教育过程。教育则是通过科学教育途径,充分发掘人的天赋条件,提高人的各种素质水平的教育。体育不仅仅是锻炼学生的身体素质,更是学生终身体育形成的关键环节,对提高学生竞争力、培养创新能力、健全学生人格等有着不可替代的作用。体育运动能促进大脑发育,改善机能,为人们从事智力活动打下良好的物质基础,而且促进观察力、记忆力、想象力和思维能力等智力因素的发展。由此可见,学校体育与学校教育才能互相促进,相得益彰。

(四)体育与社会发展

人类社会的发展与进步是一个连绵不断的发展过程,在这个过程中受到多种因素的影响与作用。体育事业发展是一个国家社会发展与进步的重要标志,也是国家综合国力的表现和社会文明程度的体现。社会发展是一个综合性的整体概念,内涵和内容十分丰富,包括制度、法律、文学艺术、教育、卫生、科学技术、环境保护和体育等多个方面,体育事业是社会发展的重要组成部分。发展体育事业需要跳出体育看体育,结合社会发展办体育。在把握社会发展整体规律和特点的前提下,处理好体育发展与社会发展的关系,促进体育与社会全面进步。体育运动能够促进社会和谐与文明进步,通过体育赛事的组织和参与,提高人们的道德水平和文化素养,增强社会凝聚力和民族团结,促进社会公正和道德规范的建设。同时,体育运动也可以促进国家文化软实力提升,增强国际影响力,提高国际地位。

第三章
体育教学实践

教学理论来源于教学实践,体育教学理论有助于促进体育教学实践,由于体育教学理论的有效介入,体育教学实践有了理论支撑,体育教师就可以有针对性地把体育教学理论运用到体育教学实践,最终推进体育教学实践的革新和发展。体育运动项目非常多,本著作将体育教学实践按照田径类运动、球类运动、时尚体育、极限运动的分类分别研究。

第一节 田径类运动教学实践

田径运动是指由走、跑、跳跃、投掷等全部运动项目或者部分项目组成的全能运动项目的总称。田径运动起源于人类的基本生存和生活活动,具有悠久的历史。在上古时代,人类为了生存,在利用大自然资源和与大自然斗争过程中,不得不奔跑、跳跃、投掷石块、使用工具,久而久之形成了走、跑、跳、投掷等基础生存技能,并将此作为练习和比赛的一种形式。在古奥运,田径就已经是正式比赛项目;第一届现代奥运会,田径也是正式比赛项目。奥运会和田径世锦赛的举行,促使田径运动员不断提升自身极限、改进训练方法,也使田径运动的成绩和纪录不断被提高,促进了全世界田径运动不断发展。在分类方面,田径运动又可以分为田赛和径赛。田赛是指在田径场规定的区域内进行的跳跃及投掷项目竞赛的统称,田赛成绩主要是依据高度或者远度;径赛是指在田径场的跑道或规定道路上进行的跑和走的竞赛项目的统称,径赛成绩主要是看时间。田径被称为体育运动之母,具有使神经、肌肉、内脏等器官全面活动的特点,田径运动的比快、比高和比远,充分体现了人类体质和机能的典型较量。田径运动能有效地发展速度、力量、耐力、灵敏和协调等身体素质,增强体质,获得运动技能,培养意志品质。因此,田径运动被认为是各项体育运动的基础,对其他各项运动技术发展和成绩提高起着良好的作用。田径运动以其显著的特点和价值成为校园体育教学的重要内容,有助于培养学生吃苦耐劳、勇于克服困难等良好的意志品质,在学校获得了广泛的发展和普及。

一、走跑类教学实践

走跑类又分为竞走、短跑和中长跑等三类。

(一) 竞走教学

竞走是一项单脚支撑与双脚支撑相互交替的周期性运动,行进中与地面保持不间断接触,任何时候两脚都不能同时离地形成"腾空"动作;向前迈进的脚在着地过程中腿必须有一瞬间的伸直,膝关节不能弯曲,特别是支撑腿在垂直部位时必须伸直。这是走与跑的本质区别,也是鉴别竞走技术犯规与否的主要依据。竞走的特点是两脚交替走步,步幅大、步频高,并受一定规则限制。在教学中可采用竞走技术专门练习,锻炼关节灵活性和胫骨前肌的力量耐力,并注重体会正确交替应用收缩和放松肌肉的能力。竞走技术教学,主要围绕"走得快,省力而又不犯规"的目标。

1. 竞走教学的重点与难点

竞走与普通走具有共同特点,即身体移动始终保持支撑,这种支撑是单腿支撑与双腿支撑相互交替使身体前进的周期性运动。但竞走一般要比普通走快 1~1.5 倍以上。竞走时整个身体要协同配合,两臂要前后积极有力地摆动,摆动腿的脚后跟先着地,支撑阶段腿必须伸直,后蹬迅速、充分、有力,动作协调、自然、放松。竞走教学的重点与难点包括五个方面:一是竞走的要领动作是双脚不能同时离地,两脚交替有一只脚着地,这是基本规则。二是竞走时要求步幅自然、宽大、频率快、身体重心轨迹波动小,移动速度快,实效性高,这样才能提高速度出成绩。三是竞走时动作要协调,自然有节奏感,这样才能轻松又省力。四是竞走的规则要求中,支撑的腿必须伸直,否则就是违规。五是在竞走过程中,单脚支撑和双脚支撑不一样,单脚支撑要比双脚支撑的时间长得多,想要加快竞走速度,必须缩短单脚支撑和双脚支撑时间。

2. 竞走比赛战术

一般有四种:一是当运动员在绝对优势的情况下,就要按教练员事先制定好的速度分配方案,采用匀速走完全程,争取创造优异成绩。二是在势均力敌的情况下,可以根据自己的特长,采取先快走,将对手拉开距离,然后保持一定速度,争取较好名次。采用此战术的运动员一般训练水平高、耐久力好。三是速度好的运动员和缺乏比赛经验的新手,一般先跟随,最后以较快的速度超过对手。四是变速走,这是运动员在比赛中为了甩开跟随对手时而采用的战术,用此战术的运动员,必须具有较高的训练水平和变速走的能力。

(二)短跑教学

短跑是体育教学的基础构成部分,在很多学生看来,短跑是非常简单的运动,事实并非如此,短跑对技术要求很高,涉及的技术要领尤为复杂,需要学生对各个环节的技术要点综合把握。另外,学生的身体以及心理素质,都会影响短跑的运动成绩和训练效果。基于这样的教学认知,体育教师必须对短跑教学训练活动进行合理安排,改变学生在短跑练习中的不足之处,帮助学生调整身心状态,引导学生掌握科学合理的运动技巧,从而在短跑项目上有更为理想的发挥。目前的高校短跑教学还存在教学目标不够准确、教师对短跑教学定位不清晰、短跑教学场地不符合标准要求和短跑教学方法不科学等问题,这些问题都需要在未来的短跑教学与改革中不断解决。

1. 短跑技术构成

短跑全过程是"运动员从静止状态下开始起动、逐渐加快跑速、达到最高跑速并保持一段距离、跑速稍有下降并通过终点"。无论运动员水平差异如何,完整短跑中各阶段的特点基本一致。将完整的短跑分为起跑、加速跑、途中跑和终点冲刺四个技术部分。

(1)起跑技术。起跑是使人体迅速摆脱静止状态,尽量获得向前冲力,为起跑后的加速跑创造良好条件。运用起跑器时,两脚有固定的支撑才能有效地完成起跑。

(2)加速跑技术。加速跑的任务是在较短的时间、较短的距离内,尽快地获得较大的跑速,并为转入途中跑创造有利条件。在加速跑段充分加快、加大摆臂的速度和力量对腿部快速有力的蹬伸有着重要影响,尤其运用快速摆臂诱导腿部加快频率有积极作用。加速跑中随着步频的加快,步长也逐渐加大,跑速加快躯干也逐渐抬起。

(3)途中跑技术。途中跑的任务是继续发挥和尽量保持最高跑速,途中跑速度快慢是短跑全程速度快慢的主要因素。途中跑每个单步可分为支撑时期和腾空时期,在支撑时期由一腿的着地缓冲、蹬伸和另一腿的前摆技术组成。在腾空时期有一腿的积极下压和另一腿的折叠前摆高抬技术,另外还包括躯干姿势和摆臂技术。

(4)终点冲刺技术。在短跑的后程和接近终点时,由于神经系统、运动系统出现疲劳,跑速有所下降。这时要有意识地增大身体前倾度,加快频率,尽量减小后蹬角度,拼过终点。当跑到离终点线约一步时,上体迅速前压,或用侧肩快速转动,以胸或一侧肩撞终点线,以便获得理想名次。过终点后应顺惯性逐渐减速,尤其不能突然站立而造成摔倒。

2.短跑教学训练实践

一般从以下环节入手：

(1)关注速度提升训练。速度在短跑体育运动项目中居于核心要素，速度训练需考虑学生的天性以及运动特征，合理控制耐力训练和速度练习时间，因为耐力训练时间过长反而影响速度提升。教师要做好教学训练多种不同素质训练之间的协调，引入多种多样的训练方法，增强学生的速度与耐力。

(2)规范短跑动作技术。短跑是对运动素质要求相对较高的运动项目，对动作技术的要求也较高，必须把动作技术训练作为重点，而且要在提高技术规范性方面着手。如果动作不规范，就会降低教学质量，无法在运动中取得好成绩。短跑动作技术的规范性不仅是在形态上要求规范，还强调建立科学化的力学结构。

(3)锻炼起跑与冲刺能力。起跑是最开始的环节，开始部分的表现会给最终成绩带来极大影响。在起跑中后蹬是短跑的动力，要把握好后蹬力量，跑步时的脚步要从小到大，上体逐步抬高。冲刺跑是短跑运动的最后环节，教师要带领学生分析冲刺技术理论，在此基础之上指出规范化的冲刺技术与技巧，让每个学生都能够建立不到终点不放松的良好心态。

(4)引入多样性训练方式。用多种不同的训练方式让学生对短跑运动保持热情和信心，消除短跑活动的枯燥感。追逐跑和折返跑是比较有效且趣味性相对较强的训练方式。借助追逐跑提高短跑互动性。折返跑是负荷相对较大的一种训练方式，能够训练下肢力量，提高身体各个部分的协调控制能力，也能够在一定程度上增加体能储备。

(三) 中长跑教学

中长跑属于大强度体能类的速度耐力性运动项目,必须经过较长的系统训练过程,才能有明显收效。在训练中,要严格遵循人体运动机能逐步改善和提高的规律,熟练掌握运动技术,才能最大限度和更快提高人体的运动能力,挖掘人体运动潜能,创造个人优异的运动成绩。中长跑是秋、冬季学校体育教学的一项重要内容,是最原始有效的、很好的锻炼身体方式,对心血管功能、呼吸功能的发育和增强有很大帮助,同时还能提高学生的耐力素质,对全面发展学生身体素质、培养刻苦锻炼的意志品质作用很大。但由于中长跑持续时间较长、运动量较大、内容比较单一,中长跑又成为最枯燥的运动形式之一。

1. 中长跑技术要领

(1) 跑步姿势。中长跑时身体尽量放松,身体微微前倾,与地面的角度大概是80°到85°。跑步过程中要注意抬头收腹,双手自然配合脚步运动,减少身体左右晃动,减少不必要的能量浪费。中长跑的后程体内乳酸增多、身体处于疲劳状态,这时自然会降速。这时要求要加强腿部蹬摆配合,上肢增大摆臂幅度,以促使后程技术动作不变形,达到提高后程速度的效果。

(2) 蹬摆送髋。蹬伸是由髋、膝、踝、趾由上而下的发力,使各关节达到较充分伸展,支持反作用力才能作用于髋部,使身体重心前移。在蹬伸的同时也是摆动腿折叠前的开始。蹬摆配合协调,就会起到髋关节迁移的效果,做到蹬要有力,摆要迅速,既能提高步长,又能加快步频,还能减小身体重心的上下起伏。

(3) 着地缓冲。脚跟先落地,但注意脚面不能和地面形成大的夹角或者整个脚落地,在着地缓冲时,要尽量减小阻力,迅速过渡到前蹬动作。在着地后身体重心向下移动的同时要向前移动。大部分学生容易犯的毛病是着地前蹬阻力减少不够充分,缓冲时身体重心向下但没有向前,甚至出现"坐着跑"的情况,身体重心留在后面,就给蹬身送髋加大了难度。

(4)呼吸。呼吸是中长跑一项重要技术,大原则是鼻吸口呼,但是到后半程或终点冲刺时,可以采取口鼻同时呼吸。当跑步时间较长时,只有适当加大呼气深度,才能最大限度地满足机体对氧气的需要。深度加强了,才可能更多地排出废气,增大肺中负压,从而使吸气更省力,吸气量也能增加。

(5)弯道跑。弯道跑是做圆周运动,跑的途中会受离心力影响,速度越快,圆周弧度越小,离心力就越大。弯道跑的上肢动作主要集中在摆臂上,摆臂动作能够帮助制造离心力,右臂向前摆动时,右手的位置应向左接近身体中线,有时可以适当过中线一点;向后摆动时右肘可以向右斜后方摆出,但动作不要摆得过高过大,以免影响重心向前。

2. 中长跑教学训练方法

在当前的中长跑教学训练工作中,常用的教学训练方法主要是越野跑训练、间歇训练、变换训练与重复训练,通过这些方法的综合运用,对于提升中长跑教学训练成效具有重要意义。

(1)越野跑训练。通过在自然环境中开展长时间不间断跑训练,提升训练对象的心肺能力、腿部力量以及坚强意志。按照速度变化又可以分为匀速跑、变速跑和加速跑三类,将三种速度融合,有利于提升有氧耐力水平和无氧耐力水平。越野跑训练具有多样化地形,能够带给学生更多的趣味性,并提升对不同中长跑环境的适应能力。

(2)间歇训练。在反复训练中留出间歇时间,在体能没有完全恢复的情况下开展训练的方法。这种训练方法无论是在中长跑专业训练,还是在社会大众日常健身中,都具有较高的应用价值。从专业训练来看,一般可以安排在较大的运动量之后,有效提升耐力与速度。

(3)变换训练。变换的内容包括训练环境、运动负荷和训练内容等,教师可以根据学生在中长跑专业能力上的缺陷,对变换训练内容合理规划,从而更好地适应训练需求,提升中长跑教学训练成效。

(4)重复训练。重复训练是中长跑教学训练中最为常用的训练方式,不同时间的重复训练具有不同的训练效果,短时间重复训练能够提高训练对象所具有的力量与速度,中长时间重复训练能够更好地提升耐力水平。随着中长跑训练理论研究与实践不断深入,训练方法也将进一步丰富,教师有必要关注中长跑训练方法的发展,根据学生实际情况以及训练需求,对适用的训练方法合理选择与综合运用,从而为中长跑训练成效提升奠定良好基础。

二、跳跃类教学实践

跳跃类又分为跳远和跳高两类。

(一)跳远教学

跳远原是人类猎取或逃避野兽时跨越河沟等的生活技能,后成为军事训练的手段,公元前708年就成为古代奥运会五项全能项目之一。跳远又称"急行跳远",是在助跑道上沿直线助跑,在跑进中用单脚起跳腾空,最后双脚落入沙坑的田径运动项目。跳远设施包括助跑道、一块起跳板和一个落地区。通常沿直道外设置两条相邻的助跑道,两端都有一个落地区,以保证在两个方向上都能比赛。跳远距离的测量是从起跳线远端量起到跳远运动员在沙坑中留下的最近痕迹为止,如果出现非整数的情况,则长度数值应四舍五入到最接近的厘米数。跳远在体育教学中占据重要地位,能够有效衡量学生的身体素质。跳远训练会影响学生的身体速度、力量和协调性。

1.跳远动作要领

跳远由助跑、起跳、腾空和着地四个部分组成。跳远成绩主要取决于起跳时腾起的初速度和腾起角度,空中姿势和着地动作对成绩也有一定影响。无论是教科书还是在平时的教学中,助跑与起跳的衔接都是整个跳远教学关键。跳远技术动作要领如下:

(1)助跑。跳远助跑是由起动姿势、行进间跑、跑的距离和加速方法等组成的技术环节,主要任务是通过助跑获得水平速度,准确地踏上起跳板,为快速有力的起跳创造条件。助跑必须做到快、准、稳、直四字要诀。根据个人特点采用站立式或行进间的起动方式,无论哪种起动方式都必须固定步幅和节奏,反复练习。助跑过程是加速运动过程,不论采用何种助跑方式,速度的变化始终是有加速过程,发挥最高速度运动状态。

(2)起跳。起跳是改变人体运动方向的过程,在助跑速度猛烈冲击下的瞬间,进行快速有力的起跳,创造适宜的腾起角,把水平速度转变成腾起初速度。当起跳脚着板时,身体重心快速移动到起跳脚上,上体保持正直,保证助跑速度得到充分利用,提高起跳腿力量。起跳是全脚掌踏跳,很快滚动,充分蹬直髋、踝关节成"腾空步"。在踏板上包括踏板、缓冲、蹬直三个技术。完整的起跳技术是由全身各部位同步完成着地动作,抬头、提肩、挺胸、拔腰、两腿蹬摆一致。

(3)腾空。跳远运动员起跳腾空后,在空中所做的各种动作都是为了维持身体平衡,为合理的落地创造条件。腾空的动作或姿势包括蹲踞式、挺身式和走步式三种。蹲踞式简单易学,有助于初学者体会和掌握正确的起跳动作;挺身式有利于起跳动作的快速有力充分,也是学习掌握走步式的基础,摆动腿下放成挺身姿势,躯干前肌群充分拉长,有利于维持身体平衡;走步式可把助跑、起跳、腾空落地统一成"跑"或"走"自然习惯,空中连续运动,使身体各部位动作相互补偿,易于维持身体平衡,也有利于抬小腿向前落地。总之,完成空中动作要求自然连贯,协调舒展,动作越简单越实效,才能出好成绩。

(4)落地。选择合适的落地技术,不仅有利于提高运动成绩,而且可以防止受伤。完成腾空动作后,大腿要尽可能地靠近胸部,小腿自然向前伸,同时两臂后摆。当脚跟接触沙面后,迅速屈膝缓冲,同时两臂由体后向前摆出,并借助于惯性向前方或侧方倒下,防止坐入沙坑。

2.跳远教学训练需要注意的问题

跳远教学训练过程中,需要注意以下几点:

(1)调整起跳姿势,实现动作过渡。动作过渡是将助跑的速度转化为腾空的高度,对最终跳远成绩起着关键性作用。教师在教学过程中,注重助跑环节,调整起跳姿势,提示学生适当将身体重心前移,运用身体的惯性以及反弹力,提升起跳高度。

(2)优化着地姿势,提升跳远成绩。要求起跳脚先着地,减少地面对起跳脚的反作用力。遵循先脚跟、后脚掌的原则,缩短脚跟与身体投影点之间的距离,减少速度损失,提升跳远成绩。

(3)优化缓冲环节,提升起跳速度。缓冲是动能向势能的过渡环节,有利于平稳实现动能与势能之间的转换,更好地保护运动员;缓冲可以在一定程度上减少动能向势能转换的力量损失。

(4)完善蹬腿动作,提升腾起初速度。蹬腿动作影响起跳的速度与方向,对腾起的初始速度和水平速度都有影响。蹬腿动作从膝关节弯曲最大时开始,在起跳脚离地时结束。在此动作中,集中注意力,提升反应能力,保持身体充分伸展,保持身体各个部位密切配合。

(5)重视摆动动作,提升跳远成绩。良好的摆动可以减少着地时的制动力,也能够提升跳起的初速度。在起跳腿蹬地与摆动腿摆动之间,即在起跳腿充分伸展之后,胳膊有意识地向上摆动。

(二)跳高教学

跳高是田径运动的田赛比赛项目之一,是人体通过助跑、起跳、腾空、落地系列动作形式跳越高度障碍的运动。跳高比赛场地包括助跑道、起跳区和落地区三部分。经常进行跳高练习,能促进人体力量、速度、柔韧和灵敏等机能不断增强,提高下肢关节的灵活性和活动范围,使肌肉、韧带的伸展性、弹性以及身体各部位得到充分锻炼,同时也使神经系统、指挥控制能力得到明显提高。跳高运动的技术动作出现过五次重大演变,即跨越式、剪式、滚式、俯卧式和背越式,现代绝大多数运动员都采用背越式。背越式跳高是指背部朝向横杆,身体各部分依次过杆的一种过杆技术。背越式跳高技术是由助跑、起跳、过杆和落地等阶段组成的,各阶段彼此紧密相连、相互作用。

1. 助跑

从背越式跳高的助跑路线可以看到,在助跑开始的前段直线跑,应尽可能大地获得水平速度。在助跑后段的弧线跑,应为跑跳创造尽可能大的离心加速度,有助于向横杆方向运动。开始采用直线助跑,双肩要下垂,用脚前掌着地,跑时具有弹性;提高重心,步幅均匀,不断加速;进入弧线跑时,外侧摆动腿富有弹性地蹬地。为了克服离心加速度的作用,上体应稍向弧线内侧倾斜。前脚掌沿弧线落地,身体重心轨迹向内越出足迹线。助跑的节奏要快,特别是助跑最后两步髋关节前送幅度要大,迈步时上体保持较垂直的姿势,摆动腿积极,充分后蹬,起跳腿快速前伸,同时髋部自然前送。助跑过程中两臂应积极有力地前后摆动,弧线跑时外侧手臂摆动幅度应大于内侧手臂的摆动幅度。

2. 起跳

起跳的目的是使助跑获得的水平速度迅速转变为垂直向上运动,以使身体充分向上腾起,并为过杆做好准备。起跳动作可分为起跳腿的着地、缓冲和蹬伸三个阶段及摆动腿与双臂的配合。为了加快起跳速度,起跳腿应大幅度、平稳地以脚掌外侧着地,并迅速从脚跟向前脚掌滚动。由于迈步放脚时髋关节的积极快速前送和迅速的弧线助跑,形成了身体向后、向内的倾斜姿势。在起跳的缓冲阶段,为了提高起跳速度,还应减小屈膝幅度,以利于保持水平速度。当身体由倾斜转为垂直至身体重心移至起跳腿的上方时,迅速有力地充分蹬直起跳腿的三个关节,躯干在离地前瞬间几乎垂直地立于起跳脚之上。这时起跳腿的蹬伸方向应在身体重心的外侧,从而产生过杆所必需的旋转冲力。起跳时离横杆较远的一臂用力向上摆动,另一臂不要充分摆出,并且较早地制动,这样有利于肩轴倾向横杆。摆动腿的摆动应从屈膝的起跳腿旁开始,以膝盖领先,先屈膝折叠,后从跳高架的远端支柱上方用力摆出。当摆动腿摆到起跳腿前方之后应向里转,而小腿和脚要稍许外展。这样积极的动作,有助于使骨盆保持在起跳力量的作用线上围绕纵轴产生转身动作。此时,头应补偿性地转向横杆。

3. 过杆和落地

过杆就是充分利用起跳获得的腾空时间改变身体姿势,缩短身体重心与横杆之间的距离,并利用身体的屈伸、旋转越过横杆。过杆时,立即屈髋收腹,下颚迅速引向前胸,同时双腿补偿地高举两小腿积极向上甩起。应注意,落地前的收腹举腿,以背先着地,或团身以肩先着地,然后再做一个后滚翻。为了稳定腾越方向,头部不能后仰,要注意在落垫过程的视力焦点,眼睛始终要注视着横杆方向。

三、投掷类教学实践

投掷类又分为标枪、铅球、链球和铁饼等四类。

（一）标枪

标枪起源于人类早期的一种捕猎工具，将竹子或木头的两端打磨削尖而成，可以直刺也可以抛掷。在后来，亦衍生成为一类作战武器。掷标枪是比较复杂的多轴性旋转项目，由肩上持枪经过一段预先助跑连接投掷步获得动量，通过爆发式的最后用力作用于标枪的纵轴上，将标枪经肩上投出去。

1. 标枪运动技术特点

古代标枪在比赛方式上除了投远度外，还有投准比赛。当今世界优秀运动员的技术特征是速度快、节奏好、快速准确地完成全部动作。具体体现在助跑速度更快，投掷步与最后用力技术衔接更加紧密，用力幅度与助跑速度搭配更加合理。最后用力过程中的节奏更加合理，右脚迅速启动，左腿积极前插制动，形成强有力的制动动作，从而使标枪获得更快的出手速度。这是标枪技术的重大改变，也是在教学训练中的重点和难点。投掷标枪动作包括助跑、引枪、超越器械步、投掷出手等四个技术动作，前一个技术动作是后一个技术动作的基础，投掷过程中各个动作之间的顺序不可逆。在标枪教学过程中，帮助学生掌握投掷标枪的全部技术动作是实现标枪教学目标的基础。投掷过程中要控制标枪的运动速度，通过水平加速位移向前上方，获得最大的加速位移将标枪快速投出。实现水平向前上方的位移转化,需要在快速的超越器械步伐的调整中完成。因此,在投掷标枪教学过程中,每个技术动作的掌握是基本,也是保证整个投掷动作完整连贯的基础。

2. 投掷标枪教学训练容易出现的技术错误及纠正方法

(1)投掷步第三、四步减速。错误原因是预跑阶段速度过快,增加了投掷步难度,为了做好最后用力动作,不得不降低速度;第三、四投掷步腾空高,两脚着地慢。纠正方法是调整预跑阶段速度;在做投掷步时用信号提示,体会投掷步的节奏,控制第三、四投掷步的腾空高度。

(2)肩侧出枪。错误原因是在做投掷步阶段,投掷臂低于肩横轴,造成最后用力时翻肩困难,不能形成"满弓",投掷臂的手腕没有外旋,以至于最后用力时,标枪不能翻到肩上;肩关节柔韧性差,做不出翻起动作,或翻肩不充分。纠正方法是右手持标枪,一端抵至墙上一定高度,持枪臂高于肩横轴,手腕外旋,做投掷步练习,在此过程中体会标枪所处位置,最后做出"满弓";持标枪做投掷步练习,在完成第四步时,左手握住标枪头近处,做出将要掷枪出手动作,做发展肩关节柔韧性练习。

(3)只用臂力掷枪。错误原因是用力顺序不明确;最后用力前,身体重心过早前移,未做出超越器械的动作。纠正方法是明确用力顺序和全身用力的作用;将一定长度的橡皮带一端系于双杠或其他支柱上,右手握另一端,做左脚上一步的最后用力练习,上肢稍用力,体会下肢力量的传递及用力顺序;右手握住已固定好一端的橡皮带,做两步交叉步练习,体会下肢超越器械的动作。

(4)出手角度过大。错误原因是标枪出手前没做甩腕动作,或甩腕不够有力,持枪手过度仰腕。纠正方法是多做正面、侧向插枪练习,体会甩腕动作;在墙上画出与地面成30°~35°角的彩色斜线,持枪原地或左脚上一步做出"满弓",此时,检查标枪角度是否同墙上斜线一致,稍停一会儿再把标枪掷出。

(二)铅球

铅球是利用人体全身力量,将一定重量的铅球从肩上用手臂推出的田径运动项目。铅球起源于古代人类用石块猎取禽兽或防御攻击的活动。现代推铅球始于14世纪40年代欧洲炮兵闲暇期间推掷炮弹的游戏和比赛,后逐渐形成体育运动项目。铅球场地是田赛场地设施之一,由投掷圈、限制线、抵趾板和落区组成。铅球应用固体的铁、铜或其他硬度不低于铜的金属制成,或由此金属制成外壳,中心灌以铅或其他金属。铅球的外形必须为球形表面,不能粗糙,结点处应光滑。

1.体育教学铅球训练内容

主要包括三方面内容:

(1)技术训练。在具体的技术训练中,教师可以对整个铅球训练的技术进行分解,实施分解式训练,学生直观形象地了解动作要领,模仿教师动作分组训练。为了提高训练效果,教师要及时对学生的训练情况进行判断和评价,并给予规范性指导。

(2)力量训练。在铅球技术教学中,最为基础的就是力量训练。掌握好掷铅球技术,需要充分利用身体上肢、下肢和腰部等各个部位力量,因此,必须进行力量锻炼,力量得到有效提升为后面投掷铅球技术打好基础。力量训练并不是一蹴而就,需要通过长时间锻炼,并制订出科学有效的力量训练教学方案。

(3)身体协调性训练。在铅球技术教学过程中,关键就是投掷铅球的协调性,主要是指运用正确的爆发力时机、速度和方向,能够平稳有节奏地将铅球投掷出去。在铅球各项训练中,协调性是最难训练的内容,因为影响协调性的因素很多。比如,铅球投掷动作的熟练程度、学生身体自身的协调性、学生的心理素质、学生的速度和耐力等都与协调性相关。应该采用多种手段提高协调性,能够完美地利用身体的各个机能进行发力动作。

2. 背向滑步推球技术

现代推铅球技术包括背向滑步推铅球和旋转推铅球两种,背向滑步推铅球应用更加广泛。完整的背向滑步推球技术可分为握球持球、滑步、转换、最后用力和维持身体平衡等五个部分。

(1)握球持球。握球方法是推球臂的手五指自然分开,将球放在食指、中指和无名指的指根处,大拇指和小拇指扶在球体两侧,手腕背屈。持球的方法是将球握好后,放置在锁骨窝处,头部稍向右靠,用颈部和下颌贴紧铅球,右手抵球,肘部稍外展,完成持球动作。

(2)滑步。滑步技术包括预备姿势、团身、滑步三个环节。滑步的主要任务是使身体和铅球摆脱静止状态,获得一定的向投掷方向运动的速度,为顺利完成后续动作做好准备。预备是背对投掷方向,持球贴近投掷圈的后沿站立,身体重心落在右脚掌上,左脚置于右脚跟后方20~30厘米处,以脚尖触地,维持身体平衡;团身是运动员站稳后,从容地向前屈体,待上体屈至接近与地面平行时,屈膝下蹲,同时头部和左腿向右腿靠拢,完成团身动作;滑步是由臀部主动后移,然后积极后摆左腿,充分利用"移、摆"产生的动力,既可保证铅球和身体重心获得必要速度,又可减轻右腿负担,有利于右腿完成后续动作。

(3)转换。转换是从运动员回收右小腿结束到左脚落地,主要任务是保持或适当增加铅球在滑步中获得的水平速度,并在最后用力形成合理的身体姿势。

(4)最后用力。当左脚着地,即开始最后用力。首先以髋部大肌肉群发力,右腿用力蹬转,髋部前移并左转,同时左臂稍内旋经体前带领左肩边移、边抬、边转至投掷方向;紧接着右腿开始转蹬,两腿进行爆发式蹬伸,左肩制动,右肩充分向前,抬肘、伸右臂、用手指拨球,将铅球从肩上向前上方推出。

(5)维持身体平衡。铅球出手后,由于身体重心较高,身体有很大的向前惯性,容易失去平衡冲出投掷圈造成犯规。因此,铅球出手后,要及时交换左、右腿位置,屈膝、屈髋降低身体重心或改变身体重心运动方向,维持铅球出手后的身体平衡。

(三)链球

链球是田径运动中使双手投掷的竞技项目。运动员两手握着链球上铁链的把手,人带动链球时旋转,最后加力使球脱手而出。掷链球起初是苏格兰、爱尔兰的矿工、铁匠们投掷铁锤的游戏。19世纪后期,英国牛津大学和剑桥大学的学生开展了投掷链球的校际比赛,现代链球运动随之产生,此后链球的规则和规格不断变化。投掷须在直径2.135米的圆圈内进行。一般采用扣锁式握柄环法。开始时,站在圆圈的后缘,通过预摆和快速连续旋转,最后将球掷出。被掷出的链球球体必须落在规定的扇形区域内,成绩方为有效。

1.链球运动技术

掷链球技术和其他投掷项目一样,是一个完整的动作,可分为握环方法、开始姿势和预摆、旋转和最后用力四个环节:

(1)握环方法。先用左手四指的中指关节把环钩住,然后用右手的四个手指紧紧地扣在左手的食指上,左手的拇指再扣在右手的拇指上,使两手的拇指互相交叉。

(2)开始姿势和预摆。运动员两手握环,拇指互相交叉,链球放在运动员右侧后方的地上。两手拉紧链子,开始预摆。链球从右侧向前上方运动,运动员的体重落在右腿上,这时链球处于最低点。链球摆到体前,运动员的体重移到左腿上,手臂摆动,使链球走向更宽的轨道,在左肩前上方链球通过了最高点,手臂不得超过头部,肘关节向前;然后转向左肩,迅速地向右旋转。当左臂通过面部和胸部前时,双臂保持伸直,链球也就落回到最低点,这样就完成了第一次预摆。由于躯干的转动,加快了链球的移动速度,并进入第二次预摆。一般做两次预摆。在预摆中当链球移动到哪侧时,哪侧的脚跟就抬起。

(3)旋转。旋转的目的是使链球获得大的加速,为最后用力创造有利条件。当链球达到最低点时,运动员用左脚跟和右脚尖支撑,向左转动,并带引链球由最低点向左上方运行。右脚离地,左脚跟开始旋转,使身体直向投掷圈的前方旋转。腿部和髋部比上体和肩部转动得更快,下肢超越上肢。链球继续向前移动。直至右脚着地并与左脚平行,靠得很近,身体重量落在双脚上。当链球再次转到前面,即开始了第二圈旋转,正常情况下所转的第三圈中,在每个阶段两脚都要靠得很近。在旋转过程中双臂始终保持伸直,拇指在上。当肩在前时,则髋在后。

(4)最后用力。从第三圈旋转结束,右脚落地开始最后用力。当链球还未达到最低点时,运动员还要加快器械速度,并且下肢也要加速转动。双脚支撑,膝向左转动,结果成两脚交叉姿势,身体呈背弓形。链球不要过早离开旋转轴,运动员需要注意投掷方向,双臂抬起把链球掷出。双腿交换位置后,眼睛注视飞出的链球。

2. 链球教学训练内容

主要包括三个方面:

(1)技术训练。技术训练包括视觉神经系统训练、基本徒手训练和投掷训练。视觉神经系统训练对于掌握链球技术非常重要,提高视觉神经系统反应能力,具备良好的视觉观察能力、专注能力和反应能力;基本徒手训练包括预摆动作训练和徒手旋转训练,预摆动作训练是找到合适的旋转速度,徒手旋转训练是为了在投掷链球前使用科学的旋转方法让链球加快旋转速度;投掷训练中要确保两脚支撑时,链球有足够长的移动距离,注意旋转时圈与圈之间的衔接,确保链球速度支撑后几周的旋转。

(2)力量训练。力量训练包括最大力量训练、专项力量训练和核心力量训练。最大力量是身体肌肉所能发挥出来的最高力量值,使用卧推、抓举、高翻和深蹲等方法训练,卧推训练通过逐渐增加强度的方式,抓举训练分别对速度和强度进行训练,高翻训练需要考虑器械的重量和链球技术,深蹲训练能够提高腿部力量;专项力量训练通常在负重情况下进行转体练习,对链球动作后期的转体发力动作进行负重练习,也可以在负重和上身悬空的状态下进行转体练习;核心力量训练主要训练肩关节和髋关节区域之间的核心力量,目的是在旋转过程中有稳定的旋转轴,在旋转重心的作用下进行旋转和发力,训练方法包括平板支撑、侧支撑和俯卧撑等。

(3)心理训练。心理训练可以采用放松训练、表象训练、注意力训练和模拟训练等方法。放松训练通过调整呼吸和集中注意力来放松身体;表象训练包括视觉表象训练和动觉表象训练,可以通过暗示语提示来模拟链球技术的具体动作;注意力训练要在主观努力下减少外部环境影响,或者通过环境的特殊设定,提高抗干扰能力和训练效率;模拟训练是在模拟比赛环境中进行训练,重点模拟天气、观众和场地等因素,提高快速适应能力和反应能力。

(四)铁饼

铁饼是在投掷圈内通过旋转,用单手将铁饼掷出,比投掷距离的比赛项目。

1. 铁饼运动技术动作

掷铁饼的技术动作分为握法、预备姿势和预摆、旋转、最后用力和维持身体平衡四个技术环节。

(1)握法。五指自然分开,拇指和手掌平靠铁饼,其余四指的最末指节扣住铁饼边沿,铁饼的重心在食指和中指之间,手腕微屈,铁饼的上沿靠在前臂上,持饼臂自然下垂于体侧。

(2)预备姿势和预摆。预备姿势是背对投掷方向,两脚左右开立约一肩半,站于圈内靠后沿处的投掷中线两侧。两脚平行开立或左脚稍后,持饼臂自然下垂于体侧,眼平视。预摆是为了获得预先速度,为旋转创造有利条件,目前使用比较多的是身体前后摆饼法,开始时,持饼臂在体侧前后自然摆动,当铁饼摆向体前左方时,手掌逐渐向上翻转,右肩稍前倾,体重靠近左腿。铁饼回摆到体后时,手掌逐渐翻转向下,体重由左向右移动,上体向右后方充分转动,使身体扭转拉紧。

(3)旋转。预摆结束后,弯曲的右腿蹬地,上体向左转动,同时左膝外展,体重由右脚向边屈边转的左腿移动。接着两腿积极转动,并以左脚前脚掌为轴向投掷方向转动,身体向投掷方向倾斜,投掷臂在身后放松牵引铁饼。当左膝、左肩和头即将转向投掷方向时,右膝自然弯曲,以大腿发力带动整个腿绕左腿向投掷方向转扣,这时左髋低于右髋,身体成左侧单腿支撑旋转,接着以左脚蹬地的力量推动身体向投掷圈的中心移动,右腿、右髋继续转扣。当左脚蹬离地面,右腿带动右髋快速内转下压,左腿屈膝迅速向右腿靠拢，左肩内扣，上体收腹稍前倾。接着，左脚积极后摆，以脚掌的内侧着地，落在投掷圈中线左侧，圆圈前沿稍后的地方，身体处于最大限度的扭转拉紧状态，铁饼远远留在右后方，左臂自然微屈于胸前，为最后用力做好准备。

（4）最后用力和维持身体平衡。当左脚着地时，右脚继续蹬转，使右髋积极向投掷方向转动和前送。接着，头向投掷方向转动，左臂微屈于胸前，胸部开始向前挺出，体重逐渐移向左腿。当体重移向左腿时，右腿继续蹬伸用力，以爆发式的快速用力向前挺胸挥饼。与此同时，左腿迅速用力蹬伸，左肩制动，成左侧支撑，使身体右侧迅速向前转动，将全身的力量集中在铁饼上，当铁饼挥至右肩同高并稍前时，用小指到食指依次用力拨饼出手，使铁饼沿顺时针方向转动向前飞行。铁饼出手后，及时交换两腿，身体顺惯性左转，同时降低身体重心，维持身体平衡。

2.铁饼教学中常见错误动作产生的原因及纠正方法

（1）旋转启动阶段，身体过早倒向投掷方向。产生原因是旋转启动时身体重心没有充分移到左腿上，左脚和左膝没有充分外转引导身体转动。纠正方法是左脚尖和左膝在转动过程中的位置始终领先于左臂和左肩，徒手反复进行重心压在左腿上的转动练习。

（2）旋转过程中身体不向前运动。产生原因是旋转过程中没有形成以身体左侧为转动轴，旋转时左腿后蹬和右腿向前摆扣的力量不足。纠正方法是旋转启动后左手尽可能触摸身体左侧远处的标志物，在身后右脚踝关节处系橡皮带原地扶肋木做进入旋转动作练习，加强下肢动作力量，进入旋转后右脚落在前方的标志上并逐步前移标志。

（3）旋转后左脚落地位置过于偏左或偏右。产生原因是左脚落地时间偏早或偏晚，双腿动作配合不协调。纠正方法是在投掷圈或地面标出正确的双脚落地位置，在练习中树立双脚落地的空间位置感，以掷铁饼技术的步法连续快速旋转，反复练习加强下肢蹬摆的协调性。

（4）旋转过程中身体难以形成超越姿势。产生原因是旋转过程中左肩没有封住，身体左转甚至后仰，右脚摆扣落地后身体重心不能落在右腿上。纠正方法是肩负木棍双臂搭在上面进行背向旋转模仿练习，体会左肩的"封扣"。双手扶栏杆反复做进入旋转和双脚落地动作，在形成最后用力姿势时重心充分落在右腿上。

（5）最后用力过程中只用投掷臂投饼。产生原因是身体环节用力的顺序不正确，下肢、髋部和腰部力量不足。纠正方法是建立正确的最后用力技术概念，通过原地投轻、重器械来反复体验用力顺序。采用用力顺序与技术要求相近的素质练习来加强力量。

（6）最后用力过程中上体前倾或臀部后坐。产生原因是右腿和右髋的发力动作不够积极主动，身体左侧支撑不稳固，左腿和左髋在制动支撑时蹬伸过早，造成向后的分力过大。纠正方法是通过持小竹条鞭打、拉固定物或橡皮带练习，反复体会右腿和右髋的发力动作，由同伴扶住双肩或髋部体会背部肌肉收紧的"满弓"鞭打姿势和左侧支撑，模仿练习体会左腿和左髋制动支撑动作与投掷臂鞭打出手动作的配合时机。

（7）最后用力过程中身体左倒。产生原因是最后用力过程中左腿、左髋制动支撑无力，左脚尖外转。头部向左侧转动幅度过大，左肩制动不及时。纠正方法是左脚放在立柱旁做最后用力徒手模仿动作，完成动作时将左肩和左臂绕到立柱前面。徒手做最后用力动作练习时，左脚踩在砖或低台阶上，完成动作时蹬上高处，并以固定的左脚支持体重。铁饼出手后将视线盯住铁饼片刻。

第二节　球类运动教学实践

球类运动内容丰富、种类繁多,是当前高校体育教学的主要内容,在体育教学中占据重要地位。鉴于高校球类运动教学开展的学生基础与教学效果,结合当前高校球类课程教学实际,本节主要研究足球、篮球和排球等三大球。

一、足球教学实践

足球是一项重要的体育运动,在高校体育教学中占有至关重要的地位,通过足球教学能够提升大学生的身体协调能力,促进成长发育。同时,在足球运动中的跑动过程,能够促使大学生拥有良好的身体平衡能力、锻炼肺活量,提高身体健康水平。为了进一步促进足球教学工作顺利进行,需要教师在展开足球教学工作阶段进行深层次探索,在教授足球知识的同时强化足球实践技能教学,使大学生形成良好的足球技能,促进体育学科综合能力提升。因此,有必要加速推进足球教学改革创新,基于终身体育理念构建全新的足球教学模式,促进足球教学工作有条不紊地开展,培养大学生良好的足球能力,提升足球教学工作的实效性。

(一)足球教学存在的问题

目前的高校足球教学还存在很多问题,突出表现在"教学方法落后、教学内容缺乏新意"两个方面。

1. 教学方法落后,缺乏时代感

高校足球教学仍然沿用传统教学方法,即以任务型教学模式为主,导致足球教学过程流于形式,无法激发学生的兴趣,在一定程度上降低了教学效果,对于锻炼学生的足球综合技能并无益处。教师对足球教学缺乏科学合理的设计规划,开展足球知识或技能教学更加倾向于单纯地完成教学任务,导致教学过程循规蹈矩、因循守旧,完成必要的知识教学后留给学生自由活动时间或是自由练习时间过短,导致学生参与积极性不足。

2. 教学内容缺乏新意,重复性较强

高校足球教学内容存在一定的滞后性,部分教师往往只是单纯地重复性教学,并且希望学生通过重复性练习形成足球技能,这种方法在一定程度上降低了足球教学水平。实际的足球教学内容大多停留在运球、传球、打点和射门等基本内容,对战术和战法等方面的教学相对较少,学生积极性不足,学习动力差。

(二)足球教学传授的基本技术

足球教学需要传授的基本技术,具体包括"颠球技术、传球技术、过人技术、射门技术、停球技术、抢球技术"六个方面。

1. 颠球技术

颠球是足球运动的基本技术,颠球一般是用脚内侧,支撑腿膝关节微屈,身体重心移至支撑脚上。当球下落到膝关节高度时,颠球脚屈膝盘腿,脚内侧向上摆脚内翻,轻击球底部,将球向上颠起。

2. 传球技术

传球在足球技术中非常重要,是足球场上运动链之间的纽带。决定传球质量的因素有很多,传球方向控制、脚力控制、接触球点控制,还包括时间、跑位和配合的掌握。如果直线传球,就用脚弓直推或者是用脚背平抽;如果接球者的位置较远,进行长传球,就适用高旋转球。

3.过人技术

足球运动过人技术很多,具体采用什么方式,需要根据技术特点和场上情况来确定,经常使用变向过人和变速过人的技术。

4.射门技术

抽射是比较难掌握的技术。用脚背抽球力量大、速度快,守门员很难有效扑救。抽射要求非常高,必须掌握好时机,在球与身体处于合适距离时拔脚抽射。如果身体与球的距离太近就无法使动作舒展,如身体与球的距离太远接触球的部位就不准确,脚不能抽射到球的正中部,不仅将球打偏,而且没有力量。

5.停球技术

足球在场上不是永不停止地运动,而是走走停停,所以让足球停下来也非常关键。足球运动中,除了手臂,身体的各个部位都可以用来停球,停球时要把球停在距离身体合适的位置,不仅不会被对方断下,也有利于完成下一个技术动作。

6.抢球技术

足球是一项讲究攻守平衡的运动,踢球的同时也要防守,阻挡对手进攻。防守的重要原则是"看人!不看球!"自己的身体始终树立在对手正前方,封堵住对手向前的去路,这样就能对抢球起到关键性作用。

(三)足球教学要培养学生的战术意识

足球教学训练中需要培养学生的战术意识。战术意识和战术运用相辅相成,战术意识是战术运用的调配中枢,战术运用则是战术意识的物质基础。心理和智力是构成战术意识的基本要素,技能和体能则是构成战术运用的重要部分。运用的战术越多、质量越高,可供支配的战术意识的空间就越大;同样,战术意识越强,运用战术的自觉性就越高,战术运用的实效性就会越好。高校学生大多是业余足球爱好者,参加足球比赛经常会出现不规范现象,大多源于对于足球运动理解不够透彻,用专业术语来说就是足球战术意识较弱。由此可见,足球教学中提升足球运动能力,加强战术意识培养非常有必要。在足球教学训练中培养学生的战术意识主要采取以下措施:

1. 足球理论知识学习

针对学生自身悟性与知识储备之间的差异,教师应用多样化教学方法丰富学生的理论知识储备,可以举办专门的足球理论知识讲座,或者对一些经典案例进行分析,帮助学生总结比赛和训练中的不足之处。

2. 判断和观察能力训练

通过观察能力训练,提升场上战绩的预测与发现能力,这是战术意识培养的基础,有了战机应该抓住利用,没有战机就需要自己创造,这才是战术意识培养的终极目的。

3. 开展对抗性练习

通过一对一对抗,培养学生掩护快速突破和控制球能力,对于学生防守能力培养也有促进作用。通过一抢三、三对二抗性,锻炼传接球的应变能力和反应能力;通过三对三、二对二抗性,强化配合默契能力,加深对基本战术打法的认识。在这一过程中,注重学生战术思维锻炼,也是足球战术意识的核心。

4. 通过比赛强化足球意识

教师应该创造条件给予学生参加比赛的机会,在比赛中积累经验,强化足球意识。比赛融入日常教学训练内容,结合学生实际提出针对性要求。赛后引导学生及时反思和总结经验,指出赛场上的不足。除此之外,还应该带领学生观摩优秀足球运动队的比赛与训练,学习他人长处,最终达成提升足球战术意识的目的。

二、篮球教学实践

篮球运动是一项对抗性较强的体育运动,深受世界人民喜爱,在我国也具有广泛的群众基础,特别是青少年群体,对篮球运动情有独钟,有些人甚至达到了痴迷的程度。作为深受大学生喜爱的体育运动,高校将其纳入体育教学,让学生系统学习篮球基本知识和专业篮球技能,深刻理解和体验篮球运动的魅力,对篮球运动的传承和发展将起到积极作用。当前高校的篮球教学也暴露了教学内容形式化、教学方式单一化和考核体系简单化等一些突出问题,影响着篮球教学的效率和质量。针对目前存在的问题,各高校必须顺应时代发展趋势,积极转变教育思想观念,深入探索改革创新之路。

(一)篮球技术

篮球技术是篮球比赛中为了进攻与防守所采用的专门动作方法的总称,具体包括以下几个方面:

1. 移动技术

移动技术是通过各种快速、突然的脚步动作,达到进攻时摆脱防守、防守时防住对手,以争取攻守主动的一种手段。移动技术与掌握和运用各项攻守技术都有密切关系,是篮球技术的基础。

2. 传接球技术

传接球技术是篮球比赛中队员之间转移球的方法。传接球是进攻队员在场上相互联系和组织进攻的纽带,也是实现战术配合的具体手段。传接球技术的好坏,直接影响战术质量和比赛胜负。准确巧妙的传球,能够打乱对方的防御部署,创造更多更好的投篮机会。

3. 运球技术

运球是带球队员在原地或行进中,用单手连续按拍由地面反弹起来的一种动作,是篮球比赛中个人进攻的重要技术。运球不仅是个人摆脱、吸引、突破防守的进攻手段,也是组织全队战术配合的桥梁,并且对发动快攻、突破紧逼防守都起着极大作用。

4. 投篮技术

投篮是进攻队员将球投入对方球篮而采用的各种专门动作方法的总称。投篮得分多少是决定比赛胜负的关键。加强投篮技术的教学与训练,掌握运用好投篮技术,不断提高投篮命中率,对于学习篮球技术意义重大。

5. 持球突破技术

持球突破是持球队员运用脚步动作和运球技术快速超越对手的攻击性技术。持球突破不仅能创造良好的个人攻击机会,而且能造成对方犯规,打乱对方的防守部署。持球突破若能巧妙地与投篮、传球假动作有机结合,能使进攻技术更加灵活、机动,富有攻击性。

6. 抢篮板球技术

篮球比赛中,队员争抢投篮未中从篮板或篮圈反弹回的球,统称为抢篮板球。进攻队员争抢本队投篮未中的球称为抢进攻篮板球,防守队员争抢对方未投中的球称为抢防守篮板球。抢进攻篮板球和抢防守篮板球都是由判断与抢占位置、起跳动作、空中抢球动作和获得球后动作组成。

7. 防守技术

防守技术是防守队员为阻挠和破坏对手进攻，合理运用脚步移动和手臂动作，积极抢占有利位置，以达到争夺控制球权所采用各种专门动作方法的总称。防守是综合性个人技术，不仅需要快速的脚步动作和灵活多变的手部攻击动作，还需要良好的观察、判断和敏捷的反应能力。防守队员要积极地抢占合理位置，干扰、破坏对手进攻行为，争夺控制球权，同时，设法破坏对方的战术配合和限制对方的进攻速度。

(二) 篮球技术的特点

篮球技术具有以下特点：

1. 动作结构的固定性

篮球动作由动作基本环节和环节的连接顺序构成。动作结构是技术的微观结构，每项篮球技术动作结构都包括若干个基本环节。例如，双手胸前传球由蹬地、伸臂、翻腕和手指拨球等环节组成，这些环节不能更改顺序。由此可见，篮球动作结构不能随意改变，对动作基本环节的掌握程度和各个环节的串联节奏，决定着篮球基本功。

2. 动作组合的多元性

篮球动作具有固定性和不固定性两个方面。单个动作结构具有固定性，但两个或两个以上动作的组合又具有不固定性。例如，双手胸前传球动作具有固定性。双手胸前传球后，与徒手摆脱切入组合，还是与掩护组合，需要根据场上情况而定，体现了不固定性。篮球动作的固定性保证动作质量,不固定性则是动作实效性的基础。

3. 动作运用的变异性

篮球运动隶属于开放式技能项目。比赛运用技术时,首先,利用肌梭控制肌肉用力的大小、方向和节奏,以便做出准确动作。同时,还要利用视觉、听觉、触觉及大脑,搜集与分析外界传入的信息,以便确定运用技术方式。运动员拥有规范的技术动作和足够的动作组合仍不够,只能说技术储备比较充分。把丰富的技术储备转化成克敌制胜的法宝,还必须训练篮球意识,即运用技术能力。篮球意识与技术储备的有机结合,正是篮球动作运用变异性的体现。

(三)高校篮球教学改革措施

高校篮球教学改革对调动学生参与体育锻炼的积极性、提高篮球教学质量、增强学生身体素质等方面具有重要作用,同时也是实现立德树人、提升学生综合素质、加快推进教育现代化的重要工作。高校篮球教学改革具体措施如下:

1. 转变教学理念

高校篮球教学不只是提升学生的篮球技能,还应该传授篮球规则,弘扬篮球文化,强化实践能力,使学生产生对篮球运动的兴趣和热爱,养成终身体育意识,使篮球教学成为提高学生综合素质的有效途径。

2. 优化篮球教学内容

篮球教学课时有限,教师有必要结合篮球教学的实际情况,精选必备的篮球基本技战术知识,科学合理地安排教学内容,促使学生全面认识篮球运动的魅力和价值。理论教学时间控制在合理范围内,安排更多时间练习篮球技战术,激发学生对篮球学习的强烈欲望。

3. 丰富篮球教学方法

开展多媒体教学,利用图片、视频和动画等方式,将篮球动作技巧反复完整地呈现,把复杂的篮球技术形象化、生动化和具体化。播放篮球比赛视频,并对采用的技战术和篮球比赛规则进行讲解,将探究式学习、信息化教学手段和体验式教学等应用于篮球教学实践。

4. 重视学生个性化发展

从发挥学生个性特长出发,有针对性地建立分类培养模式,充分发掘每个学生的优点和长处,把教学重点放在培养学生的个性化学习兴趣上,通过理论学习和实践训练,促进学生认识自我、发展自我。

三、排球教学实践

排球是基本球类运动之一,参加排球运动不仅能提高人的力量、速度、灵活性、耐力、弹跳和反应等身体素质和运动能力,而且可以改善身体各器官、系统的机能状况,有助于促进身体机能,增进体力。排球运动能使人的肺活量增强,血液循环加快,心肺功能得到增强,能够有效预防和治疗心血管和神经系统方面的疾病。排球动作中的下手碰接动作,使得某些神经部位不断受到刺激,能够有效缓解精神衰弱等症。经常弹跳扣球的动作,能够锻炼大腿、腰腹部的肌肉,让腿部没有赘肉,腰部更健美,手臂也会出现完美曲线,有助于改善体型和姿态。排球运动是一项集体性活动,除发球外,都是在集体配合中进行,讲究战术和配合,活动时趣味性极强。参加排球锻炼有助于培养团队意识、协作精神,使人精神开朗,情绪愉悦。此外,参加排球比赛还可以锻炼人们勇敢顽强、克服困难、坚持到底等良好的精神品质。对高校体育教学来说，排球是一项锻炼学生运动技能、培养学生的体育精神、提高学生体育素养以及强健学生体魄的运动，排球运动将体育文化体现得淋漓尽致。

（一）排球运动基本技术

排球运动基本技术分为六大项：

1. 预备姿势和挪动

排球竞赛中攻防的多数技术都是在预备姿势或疾速挪动后实现，因而预备姿态是各项基本技术的基础。双脚略宽于肩、双腿弯曲、上身前倾、重心前倾、双手放于腹前。放松上半身、眼睛盯着球，做好随时出击和移动的准备。挪动是为了靠近球，保持好人与球的距离关系，竞赛中常用的挪动步法有滑步、穿插步、跨步和跑步。

2. 传球

传球是一项细腻、精准的技术动作，在额前上方用双手或单手，借助蹬地和伸臂等举措，经过手腕手指的弹击力实现击球技术。传球正常来说是双手传球，如果球太靠近网，可以采用跳传+单手传球结合，传球技术动作要求个人身体能力必须协调，判断合理，战术到位，组织和沟通能力强。

3. 垫球

垫球是通过全身协调用手臂迎击排球的动作，使来球从垫击面上反弹出去的击球技术，是接发球、接扣球、接回球等各种比较难以处理情况下确保本方主动进攻的基础。垫球时，要有正确的姿势、击球手型、击球动作和击球部位，调整手臂与地面的适宜角度，才能垫出好球。

4. 发球

发球是由队员本人抛球，用一只手将球从网上空两标志杆内击入对方场区的技术动作。发球时可运用正面、侧面、上手、下手、助跑或起跳发球。发球攻击性强,可以鼓舞全队士气、振奋精神、扩大战果,从而挫伤对方锐气,打乱对方部署,在心理上给对方造成很大威胁。发球既要有攻击性,又要有准确性。

5.扣球

扣球是跳起在空中用一只手臂作弧形挥舞,用手将本方场区上空的球,从两标志杆内的球网上空击入对方场区的技术动作。基本动作包括判断、助跑、起跳、击球和落地等互相紧密衔接的五个部分。由于扣球时能充分利用全身力量,扣出的球又快又猛,所以是排球比赛中最积极、最有效的进攻手段之一。

6.拦网

拦网是队员在网前以腰部以上身体任何部位,主要是手臂或手掌,在球网上沿阻挡对方击球过网的技术动作。拦网是防守反击的第一道防线,也是主要的得分手段,动作由准备姿势、移动、起跳、空中拦击和落地等相互衔接的五个部分组成。拦网时应有良好的判断力,准确选择拦网地点、时间和空间。

(二)排球运动的特点

排球运动具有以下特点:

1.广泛的群众性

排球场地设备简单,比赛规则容易掌握。既可在球场上比赛和训练,亦可在一般空地上活动,运动量可大可小,适合于不同年龄、不同性别、不同体质、不同训练程度的人。

2. 技术的全面性

规则规定,每个队员都要进行位置轮转,既要到前排扣球与拦网,又要轮到后排防守与接应。要求每个队员都要全面掌握各项技术,能在各个位置上比赛。

3. 高度的技巧性

规则规定,比赛中球不能落地,不得持球、连击。击球时间短暂,击球空间多变,决定了排球的高度技巧性。

4. 激烈的对抗性

排球比赛中,双方的攻防转换始终在激烈的对抗中进行。在高水平比赛中,对抗的焦点在网上的扣拦上。在一场比赛中,夺取一分往往需要经过多个回合的交锋。水平超高的比赛,对抗争夺也更激烈。

5. 攻防技术的两重性

排球是多种技术都能得分也能失分的项目,这种情况在决胜局比赛中更加突出,所以说每项技术都具有攻防的两重性,要求技术既要有攻击性,又要有准确性。

6. 严密的集体性

排球比赛是集体比赛项目,除发球外,都是在集体配合中进行。没有严密的集体配合,再好的个人技术也难以发挥,更无法发挥战术的作用。水平越高的球队,集体配合就越严密。

(三)快乐体育融入排球

目前排球教学还存在很多问题,将快乐体育思想融入排球教学改革是解决问题的有效策略。快乐体育是指从情感教学入手,对学生进行以健全的身体教育和人格教育为目标的体育教育思想,让学生在体育运动中体验到参与、理解、掌握以及创新运动的乐趣。在立足尊重学生主体地位的同时,注重激发学生学习的自主性和创新意识,从而形成学生终身参加体育实践的志向和习惯。将快乐体育思想融入排球教学可以采取以下策略:

1. 游戏教学

教师从感知训练开始,布置对抗游戏任务,以扣球成员和传球成员组成两人一组的对抗小组,相互了解球的进攻线路和运行线路。在提升学生对球的控制训练时,可以组织"垫球比赛"等游戏内容,增加两人组传球项目、单人垫球项目、单人对墙传球项目。在战略提升阶段,可以组织对抗游戏比赛,包括花样传球比赛、花样扣球比赛,在提升训练趣味性的同时,提升项目难度。

2. 以赛代练

长期的比赛与训练能够帮助学生积累比赛经验,促进对抗技能提升。采用小规模比赛方式,依次组织"两人三米线比赛""三人三米线比赛""四人全场地比赛""六人全场地比赛",提升学生之间的默契程度。同时,根据学生技能提升速度和比赛能力控制比赛强度。

3. 放松训练

放松训练包括立卧撑起跳、下坡跑、三级跳、途中匀速跑、加速跑等项目,排球放松训练可以适当添加高频阶梯跳、铅球、后退跑等项目。训练后放松运动主要以拉伸运动为主,促进血液循环,防止乳酸堆积,保持身体机能。

第三节 时尚体育教学实践

时尚是一种社会现象,一定时期内在社会上或某个群体中被普遍认同、追随、流行的某种生活方式。时尚体育是在特定的经济条件下,在一定的时期与区域内,以新颖刺激的体育活动项目为核心载体,被特定的社会群体所喜爱,并且还可以激发起其他民众跟随,能够在一定程度上被广泛追逐与模仿行为的各种活动,同时也属于休闲体育整体基本范畴内的社会文化现象。时尚体育是以健身、健心、健智、娱乐、休闲和社交为目的的社会体育项目,既包括各项竞技运动,也包括以个人活动为主的健身娱乐活动。时尚体育不仅是社会行为,也是社会心理现象和体育生活方式,具有大众性、时代性、流行性、健身性、休闲性和娱乐性等特征。许多大学生对体育课兴致不高,认为体育课堂令人感到枯燥、无聊且无实战性。针对当代大学生朝气蓬勃、崇尚新颖、追求时髦、引领潮流、力争前卫等特点,拓展体育教学内容,将具有时尚性和娱乐性的时尚体育融入体育课程教学,活跃气氛、放松心情、增加乐趣,打造全新的体育教学模式,开启体育教学的时尚创新之路。

一、轮滑教学实践

轮滑原称为"溜旱冰"或"滑旱冰",指使用各种滚轴类鞋等类似器材在各种场地进行的速度轮滑、自由式轮滑、花样轮滑等项目的竞赛。在轮滑过程中,腰、臀、大腿和脚踝等肌肉都在用力,经常锻炼者能够提高身体的平衡能力和协调性。最初的轮滑运动是从滑冰运动发展而来,在不结冰的季节进行类似冰上运动的训练而产生,我国的轮滑运动开展较晚,19世纪末才被引入。到了21世纪,轮滑已成为一种时尚的休闲运动,风行世界各地。近年来,轮滑作为一种新兴的体育运动,已经发展成为竞技项目,是一项全世界青少年为之倾倒的运动,深受大学生的喜爱和追捧。轮滑运动受气候和场地条件的限制很小,用具便于携带、技术容易掌握,是一项融健身、竞技、娱乐、趣味、技巧、艺术、休闲和惊险于一体的体育运动项目。轮滑运动已经呈现出越来越明显的价值与优势。轮滑运动带来的功效在大学生身上也得到了较大的体现,不仅能满足强身健体的需求,而且可以有效释放压力并增强情感沟通,尤其在提升个人灵敏度、平衡度和耐力等素质方面作用更为显著。

(一)轮滑运动的价值

轮滑教学在高等院校保持了良好的发展势头,越来越多的高等院校开始安排专业教师开展轮滑教学。有效开展轮滑运动具有多重价值:

1. 轮滑运动有助于锻炼学生意志

轮滑运动以娱乐性和新奇性等特点吸引广大学生。在轮滑过程中,始终保持左右脚交替进行,身体的平衡性和动作的协调性得到进一步发展。轮滑运动在增强学生体质的同时,激发了学生对轮滑运动的兴趣。轮滑运动独特的魅力使得学生乐于参与和感受,在轮滑运动学习过程中,学生从害怕站立到独自滑行,从简单动作到复杂动作,需要克服自身胆怯心理,在一次次的挑战中体验成功滋味。轮滑运动能够培养学生的意志力和进取精神,同时能够起到减压、愉悦身心、休闲以及健身的作用,有利于大学生心理品质和自信心的培养。

2.轮滑运动有助于增强学生体质

轮滑运动具有极强的健身价值,参加轮滑运动锻炼能够增加人体各组织、器官的负荷,加快新陈代谢,改善神经系统、心血管系统和呼吸系统。轮滑运动旋转的方向和位置等不断变化,使得神经系统的反应速度以及对肌肉调节的精细度得到改善;轮滑运动对心血管的形态、结构和机能都产生不同程度的影响,能够提高心脏功能,延缓心肌衰老。轮滑运动使得呼吸机能得到改善,呼吸肌力量增大,胸围、胸腔容积扩大,呼吸差加大,增大肺通气量,坚持锻炼能提高人体负氧债能力,使人体在缺氧条件下仍能坚持工作并完成较复杂的肌肉活动。经常参加锻炼,可以提高呼吸系统的免疫机能,增强呼吸系统及机体对病菌的抵抗能力,防止、减少或消除呼吸系统疾病。

(二)轮滑教学存在的问题

目前的轮滑教学仍然存在一些问题,突出表现在以下三个方面:

1.专业教师相对缺乏

轮滑运动是近年来才在社会广泛兴起的运动项目,绝大多数师范院校没有设置轮滑专业,客观上收紧了向普通高校输入轮滑教师的通道。很多普通高校轮滑教学的教师配备,都是未曾受过专业轮滑教学训练的教师,师资力量薄弱直接影响轮滑教学水平,阻碍了轮滑教学发展。轮滑运动逐渐受到大学生喜爱,越来越多的学生争相选修轮滑课程,进一步缩小了轮滑教师的数量比例,使得学校在教学安排上显得捉襟见肘。如何更好地解决轮滑师资队伍,成为推动轮滑教学更好发展的关键问题。

2.场地设施不够完善

目前高校普遍缺乏专门的轮滑教学场地,教学时只能选择水泥地面的广场、篮球场或地下停车场等,制约了轮滑教学质量。因为公共场地存在人来人往等因素,地下停车场地面平整度不够、空气质量不好、车来车往等因素也给轮滑教学带来安全隐患。这些不良因素不但使学生在学习阶段不敢滑行,甚至教师示范动作时也对安全有所顾忌,很难展示出技术动作的精髓。

3. 学生安全意识薄弱

轮滑运动在很多方面存在优势,运动本身易于吸引人的注意力,但存在着擦伤、摔伤、撞伤等安全问题。无论是速度轮滑的高速运动,还是花样轮滑的肢体姿势变换,都存在一定的危险性,稍有不慎身体就容易失去平衡,造成不同程度的运动损伤。大多数学生并没有认识到轮滑运动存在的危险性,有些学生为了展示轮滑技艺水平,在护具佩戴不完全或者根本不佩戴任何护具的情况下挑战高难度动作;热身活动不够充分、轮滑装备穿戴不规范或松紧度不合适等问题也可能导致意外伤害。

(三)高校轮滑教学发展取向

新时代背景下普通高校轮滑教学的发展取向,应以满足社会大众性轮滑运动发展需求为要旨,提高轮滑教学的精准性与适应性。伴随着全民健身运动深入普及,诸多具有突出健身性、时尚性、休闲性和观赏性的体育运动项目得以有效推广,轮滑运动在诸多运动项目中具有一定的代表性,而且拥有庞大的社会受众群体,尤其是广大青少年对于轮滑运动的参与及学习热情更为高涨。在此背景下,通过对高校轮滑教学发展取向的重新定位,实现由传统的"应试性"向新时代的"大众性"转变,是对高校轮滑教学提出的新要求。不仅要求学生要掌握实用性的轮滑运动技能,还要对社会大众轮滑运动普及起到积极的促进作用,引导高校轮滑教学体系的构建与完善,促进高校轮滑教学不断提升其社会价值。

新时代背景下普通高校轮滑教学的发展取向,应以提高学生轮滑学习兴趣为宗旨,推动校园轮滑运动蓬勃发展。但是目前高校轮滑教学受到课时量等因素设置影响,无法全面培养学生的轮滑综合能力,不符合教育教学规律。为了确保高校轮滑教学的社会化发展效果,要求学生积极自主地加强自身轮滑综合素质能力提升,使得轮滑运动成为大学生未来体育健身活动的重要内容,进而促进轮滑人口增长,推动大众轮滑运动全面普及。这就要求高校轮滑教学打破传统教学观念束缚,通过优化教学体系、开发与整合教学资源、组建校园轮滑社团,开展丰富多彩的轮滑活动,调动学生轮滑学习兴趣,形成课堂教学与课外活动的有效对接,推动高校校园轮滑运动蓬勃发展。

二、瑜伽教学实践

瑜伽起源于印度,是印度六大哲学体系之一。从运动学角度而言,瑜伽是一种集身体、精神与智慧于一体的体育运动。

(一)瑜伽运动的特点

与其他体育运动相比,瑜伽运动有其自身特点:

1. 自然性

瑜伽崇尚"回归自然"。学练瑜伽时,练习者要体会到自己与自然的和谐共生,一招一式体现出人对自然万物的体验与感悟。

2. 静态性

瑜伽是静态的,主要通过练习者姿势、呼吸和意念等方法,使练习者的身心达到一种良好的状态。正因为瑜伽的这个特点,被广泛应用于学校体育教育、医学运动治疗、大众休闲健身等领域。

3. 适用性

瑜伽适合各年龄层次的人学练,且都会促进人的身心健康。为了促进瑜伽运动健康发展,2016年国家体育总局社体中心制定了一种新型的瑜伽推广模式,即健身瑜伽。习练健身瑜伽既能够调整心态、放松肌肉,还能提升人的内在气质与修养,保持青春,因此颇受关注。在健身瑜伽推广的影响下,很多高校开展了瑜伽教学。

(二)瑜伽教学对大学生身体健康的作用

瑜伽教学对大学生身体健康产生重要作用:

1. 瑜伽可以帮助大学生塑造良好的体型,改善身体形态

大学生爱好美、追求美,对身体形态尤为看重。许多大学生尤其是女生更是为了塑造良好体型不断地减肥。通过瑜伽锻炼可以有效燃烧身体脂肪,塑造良好体型,实现减肥瘦身的目的。此外,长期的瑜伽锻炼还可以帮助大学生塑造优雅的身体姿态,使言行举止和行为习惯等更加优美,日常生活中能够表现出良好的气质修养,从而增强自信心,提升综合素质水平。

2. 瑜伽可以提升大学生的身体机能水平

瑜伽通过呼吸进行体式的练习,特别强调呼吸和动作之间的配合。呼吸是人体最重要的机能,瑜伽练习要求进行有规律的呼吸,符合人体呼吸系统的自然规律。胸式呼吸和腹式呼吸是瑜伽主要的呼吸形式。在进行瑜伽学习过程中,呼吸方法的应用可以对心肺功能进行锻炼,提升心肺功能水平。

3. 瑜伽可以提升大学生的柔韧性和平衡性

瑜伽的体式训练多种多样,跪坐体式、扭转体式、站立体式和俯卧体式等,都能使每块肌肉得到拉伸与放松,增强关节的灵活性,从而提升身体柔韧性。在瑜伽的学习和锻炼过程中,需要高度集中注意力,将呼吸与体式相配合,控制身体,更好地完成瑜伽动作,这个过程也是大学生提升自身身体平衡性的过程。

(三)瑜伽教学对大学生心理健康的作用

瑜伽教学对大学生心理健康具有重要作用:

1. 瑜伽能够使大学生放松心情,调节情绪

当前大学生的就业压力、课业压力都比较大,容易形成急躁、盲目的性格,不利于健康心理形成。静思和冥想是瑜伽练习的重要组成部分,通过静思和冥想,能够放松心情,在冥想过程中对情绪进行调节,排解出不良情绪,改变自身浮躁和冲动的心态,形成平和、向上的心态,促进大学生健康心理形成。

2. 瑜伽教学能够培养大学生的审美能力,塑造完美人格

瑜伽具有较强的艺术特性,整个过程都给人以美的感受,意识到美的内涵及意义,从而培养审美能力,提升认识美、评价美的水平。通过瑜伽教学能够使学生感受美、体验美,从而树立正确的审美观,帮助学生塑造和发展健全人格,促进学生全面发展。学生时期是培养正确审美观的重要时期,瑜伽教学可以使学生感受到美的真谛与内涵,提升创造力,净化心灵,促进综合素质全面提升。

3. 瑜伽教学能够提升大学生的人际交往能力

进行瑜伽练习时,伴随着音乐进行形体伸展,优美的姿态、动听的音乐

构成了一幅动人的画面。瑜伽练习具有一定难度,需要不断地摸索和尝试,在这个过程中,大学生之间需要相互指导、相互帮助,纠正不正确的动作,使动作逐渐达到标准。这个过程也是沟通合作的过程。欢快、轻松的氛围使大学生放松心情,全身心地投入瑜伽练习中。轻松的氛围还能够使学生敞开心扉,与他人进行沟通交往,增进学生之间的友谊,提升沟通合作能力。

(四)瑜伽教学中发生运动损伤的原因

瑜伽教学中容易发生运动损伤,主要原因包括三个方面:

1. 学生运动损伤防护意识淡薄

学生对瑜伽运动没有系统地了解,认为瑜伽属于低强度运动,效果缓慢,缺乏运动损伤预防意识,部分学生自行加大训练难度,在没有完成热身运动的情况下就快速进行高难度瑜伽训练,不按照规定完成训练动作或是无规律地进行特定动作的练习,在不知不觉中对身体造成了伤害。

2. 瑜伽教师的教学能力有待提高

我国瑜伽课程引入时间较短,并没有形成系统的教学模式,多数瑜伽教师都是经过短期培训就上岗任职,并没有考取正规的瑜伽教师资格证。这些教师缺乏系统的教学经验,导致在教学过程中无法根据学生的实际情况进行合理指导,存在一定风险,甚至使学生产生伤病。

3. 瑜伽教学模式不够完善

瑜伽教学应遵循瑜伽训练的原则,师生之间良性沟通,学生需要按照教师的指导逐步完成各个难度的训练任务。教师如果没有科学合理地制定训练周期,很容易对学生的身体造成不可逆的损害,从而造成练习程序中断。

（五）瑜伽教学中预防运动损伤的方法

瑜伽教学中需要采用多种有效方法，预防运动损伤发生：

1. 优化教师教学能力，促进瑜伽教学规范化

瑜伽教师需要根据自身条件，合理学习系统化的教学方法，并积极与其他教师沟通和交流，弥补自身教学能力不足之处。教师需要认真对待整个教学过程，按照瑜伽教学规范开展教学。

2. 强化核心力量练习，制定完善的教学计划

瑜伽练习前需要充分热身，才能有效避免出现关节或韧带等身体组织损伤问题。教师应规范训练动作，制定完整的教学计划，让学生迅速掌握基本技术要领，按照规定动作，对核心力量和身体素质进行练习。

3. 科学设置训练科目，合理进行课程编排

教师根据学生的身体素质，重新对训练科目进行编排，尽量做到因材施教、区别对待。为了避免出现"教学方法一刀切"的训练情况，教师对学生的身体状况综合分析，严格考量学生的整体身体机能，编排具有难度梯度的动作，确保在增强运动量的同时快速适应更高强度的运动训练。

4. 普及自我保护意识，避免运动损伤出现

多数学生认为瑜伽教学训练与健身房锻炼相比，运动强度较低，这就使得学生在瑜伽学习过程中运动损伤防护意识薄弱，容易产生身体损伤。教师进行瑜伽运动教学前，充分讲解可能产生的损伤情况和后果，引起学生重视，加深学生对瑜伽的正确认识与理解，让学生明白瑜伽是一个渐变的过程。

三、散打教学实践

散打分为古代散手和现代散打。古代散手伤害性很强,最初是用于格斗对抗、杀敌、自卫防身等,主要的技法是"踢、打、摔、拿"等,借助肘膝的技法,攻击迅猛、灵活多变。现代散打是在古代散手的基础上,结合现代学校体育的需要改良而成,受到很多动作和技法的约束,伤害性有所降低,以拳法、腿法、摔法等技法组成,以踢、打、摔组成攻防技术。现代散打没有固定套路,只有基本动作组合与技战术使用。由于散打运动技术动作的灵活性与机动性,对爆发力与持久力等身体素质要求较高,尤其是在攻防练习时,还要克服紧张、胆怯、鲁莽等不良心理反应。长期习练散打,不仅使练习者身体上得到较好的锻炼,还能发展心智、磨炼意志。因此,与武术套路一样,同为中华之瑰宝,在国家的支持与推动下,渐渐走进校园。散打教学的"教"主要是使学习者了解、掌握散打的基本理论知识与基本技术动作;"学"主要是指学生初步了解后,自己练习与巩固提高,重点是对散打技术与散打战术的运用。散打教学建立在提高身体素质与掌握基本技术动作的基础上,主要培养学生的技战术能力。

(一)散打运动的特征

散打运动项目具有以下特征:

1. 对抗性特征

无论是古代散打,还是现代散打,都具备鲜明的攻防技击特点。现有体育运动分类以竞技能力标准划分,武术散打属于格斗对抗性项目。散打运动不同于武术套路,除了具有演练效果,更重要的是对抗能力,在熟练掌握基本功的基础上,重点培养练习者的技战术水平与实战能力,体现了散打运动鲜明的对抗性。

2. 空间特征

散打运动在实战练习过程中,长时间保持步法移动,一边防守、一边伺机进攻,使用腿法或近身博弈时,活动范围增大。尤其是大重量级运动员,具有手长、脚长等特点,加之灵活的步法与腿法,上下左右的位置移动幅度较大,被打中的对手也要占用相同空间。因此,国家体育总局规定了散打场地要求,目的是满足移动空间与身体缓冲要求,最大限度发挥技术与战术水平。

3. 重视基本功与招法多变

散打动作简单,没有成套的规定动作,但是动作组合具有灵活性、机动性与随意性,增加了散打技法动作。因此,习练散打的人员刚开始都非常重视基本功学习,熟练拳法、腿法、步法与摔法,目的是在实战中灵活运用,根据对手的实际情况,调整与选用动作,做到出其不意、克敌制胜。散打项目经过前辈们不断实践,总结出一套循序渐进的教学方法,体现在教学内容上,从基本功法到攻防结合,直到串招连势;体现在练习方法上,从磨炼、空练到"喂靶",直到交手比试。通过这些步骤,将"踢、打、摔、拿"等动作灵活运用,体现出散打运动的招法多变。

(二)散打教学训练的安全风险

散打教学训练存在安全风险,这些风险来自教师、学生、环境和制度等各个方面。散打教学训练保证安全的基本思路是"遵循散打技击规律,运用循序渐进的科学教学训练方法,尽可能多地保留技击技术并吸收先进技术;

尽可能少地限制技术手段的使用发挥；重视散打技击的伤人后果，通过提高技术手段保证安全"。"安全第一"原则居于前提地位，"我不伤害对方"而战胜对方，把握运用技术的"度"；"我不被对方伤害"而不输对方，把握顺化避害的内涵；"我不伤害自己"，不因自身错误而自伤，为战胜对方奠定基础。不科学的训练手段达不到预定训练目的，不合理的训练方法可能导致事故发生。在散打教学训练的第一阶段，采用持续用劲方式、柔克打法的推手训练方法，既训练踢、打、摔、拿等进攻防守技术，又无伤害。选用不伤人而战胜对手技术的训练手段，可以有效落实"安全第一"原则。训练场地、器械安放和器材保障，要符合散打训练要求。教师和学生应掌握运动损伤的急救方法和一般性损伤的处理办法，逐步完善医疗保障条件。学生是教学训练的主体，大运动量训练前要认真完成准备活动，使中枢神经系统兴奋，克服肌肉的生理惰性，增强弹性，增大关节活动范围。训练课的准备活动阶段，运用符合人体生理变化的"专项基本功武术操"，从头到脚、由表及里地充分活动。学生服从命令听指挥，严格按照教师的要求完成训练内容。训练课上精力集中，提高预防事故的安全意识。

(三) 发展协调能力教学模式

协调能力是学生形成运动技能的重要基础和条件，散打运动"踢、打、摔"全身结合的运动特点，有助于提高学生左右、上下的手脚协调配合能力。在散打教学中，构建发展协调能力的教学模式非常重要，主要从以下几个方面入手：

1. 以周期性单一练习手段进行基础训练

周期性单一练习手段指周期性重复进行单一动作的身体练习。由于该练习动作相对简单、动作环节相对较少，因此，较易学习、掌握并强化。在散打初级教学中,拳法、腿法、步法、摔法等基础练习都可通过这种手段进行反复练习,提高动作速度和打击力量。

2. 以混合型多元练习手段进行组合动作训练

混合型多元练习手段是将几种单一结构的动作混合进行的身体练习。由于该类练习动作复杂、动作环节较多,因此,有利于形成复杂动作的神经联系,有利于掌握较为复杂的技术动作;该类练习动作以非周期方式表现整个过程,有利于提高动作的协调能力,有利于提高整体运动能力。通过"踢、打、摔"综合练习,使学生适应左右手、左右脚的配合,以及左右手和脚的配合,结合摔法组合练习,迅速提高全身协调用力能力。

3. 以固定组合练习手段进行绝招训练

固定组合练习手段是将多种练习手段以固定形式组合的身体练习。运用该练习较易学习、掌握、巩固和应用成套的固定组合的练习动作,使练习动作娴熟化;较易获得与技术动作相匹配的运动机能和运动节奏,利于提高协调运用肌肉的能力。每个人都有自己的特点和优势,结合优势技术或动作特点,以固定组合练习手段编排几套绝招动作,反复练习,发挥自身特长,扬长避短,克敌制胜。

4. 以变异组合练习手段进行实战训练

变异组合练习手段是指多元动作结构下,将多种练习手段依变异形式组合进行的身体练习。通过各种变异组合练习,提高运动过程的应变能力,提高复杂状态的预见能力,提高各种运动战术的应用能力,提高与运动技术、运动战术相匹配的运动能力。实战是学习散打技术动作的最高阶段,实战过程中的进退、攻防、距离、时空、对手的高矮和强弱等情况千变万化,战机稍纵即逝,对动作运用起着重要影响,需要大脑的协调组织和肌肉的协调配合,只有通过多变的反复实战去锤炼、去分析、去总结,才能不断提高协调运用技术动作能力。

四、体育舞蹈教学实践

体育舞蹈又称国际标准舞,是指以男女双人搭伴或团体舞为舞蹈形式,跟随音乐,运用不同的身体运动方式表达舞蹈风格与内心情感的一种艺术形式。体育舞蹈既包含体育的竞技性与规范性,又包含了舞蹈艺术的抒情、韵律与观赏性,是一种既陶冶情操,又锻炼身体的"运动的艺术"。

(一)体育舞蹈教学的特点

体育舞蹈教学具有体育性和艺术性的双重特点,体育舞蹈被列为体育课程,源于鲜明的体育特性,表现为以良好的身体素质为基础,在学习训练中遵循体育运动发展的一般规律,保持肌肉的伸缩性、韧带的柔韧性、关节的灵敏性,充分彰显体育舞蹈艺术。艺术性指其所蕴含的舞蹈与音乐特性,体育舞蹈以舞蹈为表现形式,每个舞种均来源于特有的地域环境和民族文化,蕴含着丰富的历史文化信息。音乐是舞蹈的灵魂,无论是节奏舒缓、旋律柔美的音乐,还是节奏快速、旋律激昂的音乐,都能使体育舞蹈焕发出青春活力,给予学习者或观赏者无限的感染力。体育舞蹈是集健身、音乐、舞蹈为一体的体育艺术表现形式,蕴含其中的审美、娱乐、交际等人文素养内涵,深受大学生喜爱。体育舞蹈属于一项外引的体育运动,作为一种新兴典雅的体育运动,大多是基础为零的初学者。培养学生的体育核心素养是当前高校体育教学的重要职责,体育舞蹈作为新兴的体育项目,能够促进学生身心健康、体魄强健、全面发展,对培养学生核心素养具有十分重要的作用。

（二）体育舞蹈教学美感训练策略

新时代的体育舞蹈教学应注重美感训练，注重培养学生的美感意识，以及对美的理解。美感教育主要通过现实生活中融合艺术思维，深化对美的理解和认识以及感受所获得的教育，体育舞蹈与美感教育之间存在着密不可分的关系。体育舞蹈作为一种优美的表现人体动态的艺术，将运动与舞蹈巧妙融合。作为体育动态性的艺术舞蹈教育，体育舞蹈教育最大的特点就是寓教于乐。体育舞蹈教学中的美感训练，不仅可以增强学生的审美能力，还可以让学生懂得欣赏美，使学生在身心愉悦的环境下接受教育，这不仅是一种情感的愉悦，也是精神上的满足。体育舞蹈教学中的美感训练，应注重陶冶学生情操，发现身边美的存在，并且用完美的体态、协调的肢体动作、优雅动人的音乐和美丽的服饰来展现内心世界。体育舞蹈教学中的美感训练需采用以下策略：

1. 规范体育舞蹈动作

体育舞蹈的基础技术要求舞者的肩部、腰部、脊椎、踝关节、腕关节的柔韧程度达标。体育舞蹈中展现美感，每个动作必须规范，这就要求学生认真听讲，仔细观察教师的每一个动作细节，在练习过程中认真模仿教师动作，力求每一个动作都符合运动规范。

2. 打好扎实的舞蹈基础

体育舞蹈教学的美感训练中，练好基本功非常重要，体态优美和动作协调的美感以扎实的基本功为基础，体育舞蹈与美感训练相辅相成。强化"站、立、直、行、韧、快、轻、稳"八大基本功要素教学，打开身体的各个关节，只有拥有扎实的舞蹈基础才能够做出高难度动作。

3. 深化学生的审美观念

艺术是一种对于生活积极向上的情操,在体育舞蹈的审美训练中,教会学生积极主动地去找寻美,探索身边的美,发现体育舞蹈中肢体动作的协调优雅、音乐的悦耳动听,提升学生整体的审美观念。

4. 选择适当的音乐和服饰

人属于感官动物,在舞蹈表演过程中,优美的音乐带来的听觉舒适,华丽的服装带来的视觉感触,能够给人留下美好的印象。体育舞蹈相对于其他舞蹈是一项高雅运动,参加表演和比赛的学生要注意仪容仪表,衣着整洁,且面部表情得体,这是对于参演者的基本要求。音乐与服饰选择是美感的培养内容,需要加以重视。

(三)体育舞蹈教学与课程思政融合路径

体育教育是培养全面发展人才的重要手段,体育舞蹈是体育教育的重要内容,在课程思政基本方针的指导下,体育舞蹈也应当兼具专业特性和思政特性。将课程思政融入体育舞蹈教学,引导学生自觉践行社会主义核心价值观,树立为国家、为社会、为人民服务的基本信念,培养德才兼备、人格健全、身体健康的新时代青年。体育舞蹈教学与课程思政深度融合的路径如下:

1. 基于专业教育挖掘思政内容

在舞蹈技能学习期间,从基础动作训练到舞蹈作品演绎,都以美作为基础。将美的学习、赏析、领悟等贯穿于体育舞蹈教学具备较高的实践性价值。借助中华民族民间舞蹈文化知识的讲解、渗透及技能教学,促使学生更好地感受并欣赏自然、生活、艺术之美,提高健康审美情趣,基于对艺术的热爱、美好事物的热爱,将美的体验传播给身边人,并为职业生涯发展提供支持。

2. 注重地区历史创建课程思政

红色精神属于中国共产党革命精神的基本象征,也是激发共产党人追求理想信念的力量来源。红色舞蹈是传承红色文化及红色精神的重要教学内容。体育舞蹈教学合理地渗透红色舞蹈,有效传承与弘扬革命历史事迹,促使学生更好地了解历史,形成正确的世界观、人生观和价值观。

3. 展现课程思政中的人生价值导向作用

体育舞蹈融入课程思政需要突出匠心培养,融入中国传统文化精髓,借助儒家文化的"仁爱""善心""诚实"等品质,培养学生的为人处世能力。在意志力方面,培养学生承担挫折、艰苦奋斗的意志品质,引导学生冷静地审视自己的缺陷,不抱怨、不悲观,脚踏实地学习和生活,以自我激励方式追求成长。

4. 借助课程思政强化学习兴趣

基于含蓄委婉的方式将课程思政内容穿插于体育舞蹈教学,注重教学方法与手段创新,借助新媒体工具拉近与学生之间的距离,更好地发挥学生的主观能动性。

第四节 极限运动教学实践

极限运动是由多项成型运动项目以及游戏、生活和工作中的各种动作演变而来,参与人群以年轻人为主的高难度观赏性体育运动。极限运动也是指人类在与自然的融合过程中,借助于现代高科技手段,最大限度地发挥自我身心潜能,向自身挑战的娱乐体育运动。极限运动带有冒险性和刺激性,除了追求竞技体育超越自我生理极限"更高、更快、更强"的精神外,更强调参与、娱乐和勇敢精神,追求在跨越心理障碍时所获得的愉悦感和成就感,同时,体现了人类返璞归真、回归自然、保护环境的美好愿望,因此已被世界各国誉为"未来体育运动"。在极限运动中,所有动作都是选手自由选定,也可以自行创造新动作,腾越可以不单是腾越,可以以任何方式衔接另外一个动作,使难度增加,也让动作更华丽具有可看性。极限运动兴起,使人们逐步离开传统体育场馆,走向荒野,纵情于山水之间,抛弃现代文明带来的舒适与慵懒,拥有与自然共存的能力,充分体会一种回归人的本性与初衷、检验人的智慧与力量的乐趣。直排轮、滑板、极限单车、攀岩、雪板、空中冲浪、街道疾降、极限越野、极限滑水等都是极限运动项目,并不是所有极限运动都适合教学,本著作主要研究攀岩、跑酷、定向越野和极限飞盘等适合教学的运动项目。

一、攀岩教学实践

攀岩是一项在天然岩壁或人工岩壁上进行的向上攀爬的运动项目,通常被归类为极限运动。攀岩运动要求人们在各种高度及不同角度的岩壁上,连续完成转身、引体向上、腾挪甚至跳跃等惊险动作,集健身、娱乐、竞技于一身,被称为"峭壁上的芭蕾"。自然岩壁攀登是在自然形成的岩壁上攀登,一般攀登线路需要前期清理、开发和再清理,主要优点是能够充分融入自然、不断发现新线路、有机会攀登多段线路,更具挑战性;主要缺点是危险性较大、受气候影响较大,一般远离市区等。人工岩壁攀登是在人工设计建造的岩壁上攀登,包括室内攀岩馆和室外攀岩场,主要优点是安全性高、受气候影响小、交通便利、更具观赏性;主要缺点是岩壁造型相对固定、攀登线路创新有限、室内空气往往较差。

(一)攀岩运动的价值

攀岩运动具有一定的刺激性和惊险性,当挑战者顺利攀登到顶峰时,能够获得巨大满足感,这是传统体育项目所不能替代的。受一些因素影响,攀岩运动群体相对狭窄,属于小众项目,高校推广攀岩这一体育运动具有独特优势,开展攀岩课程教学,向学生传授攀岩技能及其精神,提高攀岩运动的应用价值,具体应用价值包括四个方面:

1. 提高大学生心理素质

攀岩过程不只是简单机械地攀爬,也是与恐惧、害怕等不良心理素质斗争的过程。在岩壁上迈出的每一步,都是摆脱自我局限、战胜自身弱点的过程。通过攀岩教学,激励大学生进一步挑战更高目标,挑战更难的动作和路线,从而收获奋斗成功的体验。

2. 塑造大学生的健康人格

通过亲自攀爬,不仅获得战胜自我的人生经验,而且通过亲力亲为获得知识,过程刻骨铭心,超越了书本的单向灌输,这种自我回报式的精神升华对大学生的影响深远。

3.激发大学生的生命活力

通过攀岩教学,大学生获得战胜自我的满足感,带来直面挫折、相信未来的勇气与希望。攀岩精神被接纳、吸收到大学生的自我意识中,当走出校门步入工作岗位后,攀岩精神也必将进一步延伸、转化,直面各种挑战、勇于面对困难,人生也会因此而生机盎然。

4.强化大学生的团队和集体意识

攀岩运动是在同伴或保护员的保护和配合之下的运动,攀岩者必须信任搭档,才能在攀岩过程中默契配合,共同获得胜利。通过攀岩运动,大学生的集体责任感和社会责任感得到提升,孤胆英雄很多时候只是特例,只有回归集体、感恩互助,个人能力才能得到更大发挥,才能更快成就梦想。

(二)攀岩运动教学的基本内容

攀岩运动教学的基本内容包括如下四个方面:

1.肌肉训练

攀岩是具有危险性的高空运动,为了保证安全,需要较强的肌肉力量。当前多数学生懒于锻炼,肌肉力量严重欠缺,难以达到攀岩运动要求,因此要对学生进行肌肉训练,提升韧性和力量,可以采用深蹲、卧推和硬拉等基本动作,增加爆发力和耐力。

2.平衡力训练

攀岩运动具有一定的危险性,稍有疏忽就可能跌落,因此攀登人员需要具备良好的平衡力,保证向上攀爬时具有稳定的重心。需要对学生的平衡力进行锻炼,增强空间感和位置感,当遇到复杂的攀岩路线时能够以冷静的头脑制定最佳行动路线,控制身体平衡。

3. 柔韧性训练

肌肉拉伤是攀岩运动最容易受到的身体伤害,为了防止肌肉拉伤就必须增强肌肉的柔韧性。日常训练中可以通过主动或者被动方式增强身体柔韧性,最普遍使用的方法包括压腿、跪躺和劈叉等。实际训练中应该根据学生的身体实际情况,由易到难,逐渐增强肌肉的适应性。

4. 灵敏性训练

攀岩运动经常出现一些复杂的路线,在复杂而又狭小的空间下,往往需要在短时间内迅速做出反应,或者遇到紧急情况时能够较快地进行空间转换,这就需要提高灵敏性。日常训练中在平地上进行移动变向训练,反复进行不同方向的快速移动,提高反应速度和身体灵敏性。另外,需要增强学生的自信心,逐渐克服对攀岩的畏惧心理,身体的灵敏性也会大幅度提升。

(三)协同教学法应用于攀岩教学策略

攀岩运动教学既需要传授攀岩运动的一些基本理论知识,同时也需要有专门的肌肉、协调性和平衡能力等方面的训练,若仅用一名教师完成所有工作,将极大地影响教学开展,不利于学生身体素质与知识能力全面发展。应用协同教学法,理论教师专门负责攀岩理论教学,掌握相关知识以后由获取国家认定的《攀岩指导员证书》的体育教师针对学生体能进行科学系统的训练,从而保证学生接受最优质的教学。协同教学法应用于攀岩教学可采用以下策略:

1. 提升教师职业素养,细化教学任务分配

攀岩专业知识理论研究较深的教师负责理论知识及安全防护知识传

授,体育教师负责学生的力量、平衡力和柔韧等各项身体素质训练,攀岩经验丰富的教师指导学生技术细节,从而保证每个环节教学的专业性。

2. 构建协同管理模式,促进攀岩教学环节协同运作

协同主体通过评估高校攀岩教学实际,制定科学的协同制度,对校内及校外的各项攀岩教学资源充分优化,通过资源共享及相互协同方式实现协同客体整合,在攀岩教学中实现协同主体与客体的有效互动及协同创新。

3. 促进运动参与,提升团队意识

攀岩教学安全顺利开展离不开各个方面的安全保护与组织协调,只有良好的分工才能够保证安全,在这一过程中,学生之间的沟通与信任得到加强,有助于团队意识形成。协同教学法是提升攀岩教学效果的重要途径,通过组建分工明确的教师团队,使攀岩教学的各项环节工作细化,对攀岩理论教学及实战训练、大学生攀岩知识及技能、教师教学能力及协作能力均有显著提高。协同教学法在高校攀岩教学中的应用,充分发挥了不同教师的专业特长,教学资源得到最大化利用,有利于提升教学的针对性。为进一步促进高校攀岩教学中协同教学法的应用,教师需要不断提升专业能力,发扬创新精神,探索协同教学内涵,创新协同教学方式,促进攀岩教学质量全面提高。

二、跑酷教学实践

跑酷是时下风靡全球的时尚极限运动,以日常生活的环境为运动场所,依靠自身的体能,快速、有效、可靠地驾驭任何已知与未知环境的运动艺术。跑酷也是探索人类潜能、激发身体与心灵极限的一种运动。跑酷可以强健体质,使得自身越发敏捷,反应能力更加迅速。一个专业的跑酷训练者

可以正确地控制危险,当陷入火灾、地震、遭遇袭击、车祸、紧急突发事件等危险中,脱险概率将比普通人高出 20 倍以上。跑酷运动在中国发展很迅速,由于这项运动的性质和运动特点,决定了练习者绝大部分是青少年,通过调查发现其中主要以自由工作者、公司白领和青年学生为主,以社团或俱乐部等基本形式存在。活动形式分为两种,一种是自发组织的训练、表演和比赛等,实现了跑酷运动发展的多样性和持续性;另一种是由国家部门、商业企业和广告公司等组织的竞技比赛,增加了跑酷运动影响,为跑酷运动注入了活力,并为跑酷运动发展起到了宣传作用。如果说大学的体育场馆能够给跑酷运动提供场地,那么广大的青年学生则是该运动最坚定的执行者。

(一)跑酷运动的特点

跑酷运动具有不同于其他运动的显著特点:

1. 挑战性

对于参加跑酷运动的人,没有不可逾越的障碍,所有的栏杆、墙壁,以及其他建筑物等障碍物,跑酷运动参与者都会使出浑身解数去战胜它。

2. 观赏性

跑酷运动在不断发展的过程中,逐渐融入了体操、攀岩和武术项目等动作元素,跑酷参与者在跑酷运动过程中能够以复杂、酷炫的动作吸引观众目光。

3. 自由与创新性

跑酷运动非常自由,没有固定套路,也没有固定动作组合,动作选择也是因地制宜,降低一些高难度动作,可以使更多人参与进来。在不同环境下,参与者可以根据自己的想法采取行动,即使面对相同的障碍,也可以使用不同的方式穿越,充分发挥参与者的创新能力。

4.实用性

通过身体练习不断挑战自我极限,提升自我身体控制能力,并通过技巧练习和技能学习培养快速反应、快速躲避,以及对于突发事件的快速应变能力。

5.训练场所的多样性

跑酷运动对练习场地要求不高,城市的建筑和公园,废弃的工厂和街道等都可以成为跑酷运动场地。农村的房屋、田间沟壑和树木等也都可以作为跑酷运动场所。日常生活的所有环境都可以作为跑酷训练场地,台阶、树木和栏杆等均可以作为跑酷练习器械。

(二)跑酷运动教学的影响因素

大学生是时尚的弄潮儿,喜欢追赶新鲜事物,而跑酷运动所特有的时尚感、宣泄感、刺激感,正迎合了大学生的心理,跑酷运动还能在一定程度上缓解大学生的心理压力与不良情绪。目前高校开展跑酷运动教学还受到一些因素影响:

(1)学生因素。跑酷运动具有挑战性、自由性、观赏性、时尚性,练习跑酷能够让大学生挑战自我、克服困难、顽强拼搏、舒缓压力。随着对跑酷学习的深入,大学生对于跑酷运动的热情出现递减现象,主要原因是运动损伤、练习内容难度、身体问题和生理问题等。

(2)教师因素。教师是传道授业的主体,也是教授知识与技能的师者。目前很多高校体育教师仅仅在网上看过跑酷视频,对跑酷运动的理论和实践知识了解不够广泛,几乎没有参与过跑酷运动的学习和培训,直接影响跑酷教学开展。

(3)学校因素。跑酷运动是在天然环境中进行的户外运动,练习者在自然环境中进行障碍穿越,挑战自我。目前很多高校在体育馆布置了保护垫和专业练习道具进行教学,没有专业的跑酷运动器材和设备,学生上课环境受限,练习内容也受到限制,无法发挥跑酷运动的优势,展现跑酷运动的特点,难以调动学生的积极性。

(三)跑酷运动教学对策

为了推动高校跑酷运动教学开展,提出如下对策:

(1)加强宣传工作,使学生全面了解跑酷,并乐于参与其中。利用网络新媒体技术,持续不断地对跑酷运动进行宣传,使高校师生全面了解跑酷运动的概念、起源、发展、动作内容、运动损伤和预防处理等相关知识,把科学的体育锻炼思想与学生的生活实践融合起来,让学生在崇尚体育运动、追求个性发展和挑战自我精神等方面得到体验。

(2)建立与完善跑酷运动俱乐部,以点带面,营造良好的氛围。借鉴社会职业俱乐部管理形式,建立具有高校自身特点的跑酷俱乐部,营造良好的跑酷氛围。

(3)加强跑酷运动的组织与管理,建立完善的监控机制。组织相关教师和学生集中学习跑酷运动知识,加强教师的指导工作和对学生参与过程的管理,保证运动形式、内容选择和方法手段等方面的科学性,建立完善的监控机制,保证学生参与跑酷运动的持续性。

(4)加强跑酷运动内容的规范与把握,制定科学的教学计划。初级阶段选择静力性的平衡动作和简单的跳跃动作,中级阶段选择难度较高动力性的障碍跳跃、攀越和简单的翻滚动作,高级阶段选择高难度的空翻、转体动作。既要保证教学中的规范性和科学性,又要保证练习的持续性,降低安全事故,提高练习效果。

(5)加强安全教育与安全意识培养,制定教学训练中的安全预防方案。学习运动创伤预防知识,克服麻痹思想;检查运动场地、穿着合适的服装与鞋子;在活动前做充分的准备活动;根据身体素质和体质情况选择活动内容,讲究循序渐进;适当控制运动量,避免疲劳训练。

三、定向越野教学实践

定向越野运动作为一种新式的野外活动方式,起源于欧洲,运动员利用地图和指南针到访地图上所指示的各个点标,以最短时间到达所有点标并到终点者为胜。定向越野运动在世界各地正吸引着越来越多人参与并为之狂热,既是一种户外休闲娱乐运动,又是一种竞技运动,且对选手的体力及智力要求较高。参加定向越野运动除需要指南针和地图外,不需要特殊设备,是一种较为经济的运动项目。中国定向运动通常在森林中举行,很多也在公园、校园,甚至城市街头举行。定向运动容易设计出满足不同年龄、性别、体能和定向技能水平参赛者需要的比赛路线,因此参与定向运动很少受到条件限制。随着越来越多的人参加以回归自然为主题的户外运动,定向越野又成为一种必须掌握的生存技能。开展定向越野运动教学,能够提升大学生心肺机能、增强肌体活力,更能改善大学生的精神面貌。

(一)定向越野教学存在的问题

随着高校全面扩大招生,在校大学生数量大幅度增加,体育教学空间狭窄,影响了体育教学质量和学生综合素质全面提升,不利于开展高校教学和管理工作，尤其是体育教学，积极向户外和野外发展是解决校园体育运动资源匮乏的有效措施。目前高校的定向越野教学还存在一些问题：

（1）参与开展的学校较少，处于自发式生长状态，较难形成一定的教学氛围和积淀教学经验。很多高校定向越野课程不是独立的体育课程，而是依附于田径教学，缺乏独立的考核体系，很难给相关从业教师带来业绩上的帮助，因此很难有较强的师资力量保证。

（2）缺乏正规训练器材及服装道具支持，严重影响了该课程的有序开展及开课质量。适宜的衣裤、鞋子能够大大降低疲劳感，还需要电子打卡器、人工打卡器、点标旗、指南针、标准校园图、标准地质测量图等专业器材道具，特别是标准校园图和标准地质测量图对于学生在定向越野中的读图能力、方向辨识和路线识别能力具有较大影响，需要一定的资金和物力支持。

（3）课程独立性和适用性较差，缺乏师资配备。该课程缺乏独立性、适用性和精准的学科定位，造成高校定向越野的师资严重匮乏，这也是造成当前高校定向越野运动开展率低的最主要原因。

（二）定向越野教学实践路径

定向越野教学不仅能够锻炼学生体能，还能够开发学生创新性思维，帮助学生在体育课中保持较高的体能水平，甚至引导学生找到稳步走向成功的信心。针对目前普通高校定向越野选课人数少、运动能力参差不齐的现状，如何依据定向越野途径多样、方法灵活、内容丰富等特点，提高定向越野教学活动的吸引力，就成为亟待解决的问题。本著作提出如下的定向越野教学实践路径：

1. 加大宣传力度

大学生对新鲜事物有较大兴趣,更易于接受,高校需要加强定向越野运动宣传,开展定向越野运动相关的知识讲座,鼓励学生成立定向越野运动社团,开展一系列定向越野运动,吸引更多学生参与,使更多学生都能够了解定向越野运动赛事动态。

2. 充分利用自然条件

相关部门合理利用区域地理环境和自然气候条件,组织技术人员绘制定向越野运动地图,组织开展场地考察工作,为开展定向越野运动提供理想的训练场地和准确的训练地图。结合学校实际情况,对校内现有资源进行挖掘,尽可能选取适当器材,为学生提供运动场地及运动设备。

3. 提高学生兴趣

现代社会娱乐形式多种多样,很多大学生比较"宅",对于体育运动越来越缺少兴趣。定向越野属于相对新颖的课程,将体能锻炼和智能训练相结合,而且可以在风景名胜区、公园、山区、森林和野外等场所举办。学校积极组织举行定向越野运动趣味比赛,寻找难度适中、环境优美的场所,提前做好规划,调动学生参与的积极性,从了解逐步发展为热爱。

4. 举办定向越野运动培训班

高校定期组织开展定向越野运动专项培训班,加强高校之间、教师之间的学习交流,尤其是使用和制作地图方面,需要进一步加强培训,向走在前列的省市地区高校学习借鉴,同时成立定向越野资料收集和整理机构,搜集国内外优秀的定向越野运动教学和训练方法,定期安排教师和教练员国内外考察交流,分析定向越野教学和训练的不足,找寻可行的改善方法,保证开课的有序性和高质量。

四、极限飞盘教学实践

极限飞盘是一项新兴的极限运动之一,是世界运动会项目之一,也是世界上目前发展最快的运动项目,追求"尊重、理解、服从"的极限飞盘精神,综合了篮球的脚步移动、足球的跑动、网球的跑位、橄榄球的得分、排球胜负的积分方法等优点,是无裁判的和谐性比赛,是集时尚、趣味、娱乐、竞技于一体的一种新兴休闲有氧健身运动,也是一种不需要严格规则的具有竞争力的竞技运动,被《纽约时报》评为世界上发展最快的运动。极限飞盘含有跑、跳、投等运动,观赏性、安全性和对抗性等特点使大学生产生极大兴趣,可以培养大学生的运动兴趣,提高身体素质和思维能力,使有不同运动爱好的同学都可在极限飞盘的运动中体验团队竞争与合作,有利于实现新形势下"健体、健心、健志"的健身目标。

(一)极限飞盘教学意义

极限飞盘绝不只是一项运动,在诞生至今几十年的发展中,已经形成了一套特有的极限飞盘体育精神,这些宝贵的精神财富对一代又一代的极限飞盘人产生着长久影响。极限飞盘精神所倡导的"遵守规则、文明竞赛,团结队友、尊重对手,突破自我、挑战极限,倡导环保、热爱和平"与当代大学生的社会主义核心价值观培育具有同一性。在这种极限飞盘精神的呼唤下,极限飞盘运动在中国迎来了快速发展期,很多高校已经开设极限飞盘课程,对大学生的吸引力极高。高校开展极限飞盘体育教学,既能够拓展学校体育教学内容,推动学校体育可持续发展,又能够开阔学生视野,为学生提供趣味性十足的活动项目,丰富学生的课余生活。首先,通过极限飞盘学习,提升学生对运动的兴趣,锻炼健康的身心;其次,培养学生对该运动的技术、比赛、理论的兴趣,主动深入钻研极限飞盘;最后,通过极限飞盘促进学生的团队协作精神,理解和追求"尊重、理解、服从"的精神,培养具有高尚追求的人才,最终赢得自我认可和社会的适应力。

(二)极限飞盘教学方法

极限飞盘运动不仅对学生的耐力、速度、灵敏等身体素质的要求较高,还要求学生掌握相关的理论知识体系。极限飞盘运动理论教学内容一般包括竞赛规则、比赛机制、技术动作原理、战术原理和飞盘精神等内容。仍然按照传统的教学模式,单独采用"灌输式"理论教学,只讲解极限飞盘的基本动作,追求教学速率和完成教学目标,就会导致学生过度依赖教师讲授,教学的效果也只侧重于学生学会某个技术动作。教师可以采用直观教具与语言讲解相结合的方式,比如组织学生观看极限飞盘比赛视频,同时加上自身的语言讲解,激发学生的学习动机,帮助学生在大脑中形成有关极限飞盘运动的清晰表象,建立稳定而清晰的动觉,为之后的实践课打下坚实的基础。极限飞盘实践课的教学内容主要分为基本传接盘技术、竞赛规则讲解、基本战术及多人配合等练习。极限飞盘符合高校体育课程需要,能够满足大学生的锻炼需求,丰富课外生活,锤炼意志,提升素养。高校应做好极限飞盘项目的教学工作,合理安排相关的理论和实践教学内容,有效组织学生开展相应的技术和战术练习,并充分挖掘该项目的德育功能,推动极限飞盘体育课程的不断发展和完善,丰富学生的课余生活。

参考文献

[1] 安妮.基于建构主义理论视角谈高校体育教学改革中的观念、主体与策略[J].广州体育学院学报,2015,35(6):104-106,121.

[2] 曹活.湖南省高校散打教学风险防控策略研究[D].长沙:湖南师范大学,2020.

[3] 曹石见.表象训练法在高校乒乓球教学中的应用研究[J].当代体育科技,2018,8(23):64-65.

[4] 曾旭升.高校体育乒乓球教学开展现状与对策研究[J].才智,2020,20(20):173-174.

[5] 曾玉山,姜学锋.体育教学有效性的内涵意蕴、本质特征与践行路向[J].山东体育科技,2022,44(4):54-60.

[6] 陈春霞.元认知理论运用于初中语文阅读教学的研究[D].广州:广州大学,2021.

[7] 陈开拓.高校跑酷课程的开展现状与发展:以西安体育学院为例[J].当代体育科技,2022,12(25):75-78.

[8] 陈美怡.体育舞蹈教学中美育教育的影响研究[J].艺术评鉴,2021,6(11):136-138,142.

[9] 陈兴雷,高凤霞.高校体育教育与管理理论探索[M].天津:天津出版传媒集团,天津科学技术出版社,2022.

[10] 陈玉群.体育教学研究[M].北京:光明日报出版社,2016.

[11] 陈蕴哲,李翔.自我决定理论视域下双创竞赛对青年学生创新动机及感知的影响研究[J].中国青年研究,2023,35(2):109-118.

[12] 程晖.体育新课程背景下学校体育理论研究[M].北京:科学出版社,2016.

[13] 戴绍斌.标枪教学训练中易出现的技术错误及纠正方法[J].三峡大学学报(人文社会科学版),2010,32(S2):275-276..

[14] 董大志,周余,陈维富.现代体育教学管理探索与课程实务研究[M].北京:中国书籍出版社,2017.

[15] 董怡锋.跑酷引入大学体育教学的探索[J].当代体育科技,2018,8(17):48,50.

[16] 杜晨菲.基于元认知理论下初高中物理概念转变的教学策略研究[D].鞍山:鞍山师范学院,2021.

[17] 杜娟,朱潇雨,程瑞辉.时尚体育形成的原因分析[J].当代体育科技,2017,7(24):240-241.

[18] 杜巧梅.关于学习动机自我价值理论的研究述评[J].基础教育参考,2021,19(6):17-20.

[19] 范海燕.篮球教学实践中的教学行为模式研究[J].当代体育科技,2019,9(33):15,17.

[20] 方海东.马斯洛需要层次理论对构建体育课堂良好师生关系的研究[J].体育世界(学术版),2019,48(1):106-107.

[21] 冯东来."时尚体育"教学探讨[J].科学大众(科学教育),2016,80(8):98-98.

[22] 冯婕.跳远教学中的速度训练探讨[J].科技资讯,2020,18(24):186-188.

[23]冯云.体育社会学视角下高校体育教学的改革实践[J].衡水学院学报,2021,23(4):36-41.

[24]高国安.新课改背景下我国高校篮球教学改革的研究[J].辽宁体育科技,2022,44(6):106-110.

[25]龚正伟.体育教学论[M].北京:北京体育大学出版社,2004.

[26]关艺.论高校定向越野教学现状与训练思考[J].青少年体育,2017,6(5):99-100.

[27]郭庆凯,秦宇阳,史友国.体育教学与体能训练[M].北京:中国纺织出版社,2019.

[28]郭熹.自我效能感理论对体育教育专业学生羽毛球学习影响的实验研究[D].北京:首都体育学院,2022.

[29]韩静.快乐体育思想在高校排球教学中的融入[J].当代体育科技,2021,11(9):159-161.

[30]何东力.高中体育铅球教学训练策略[J].田径,2020,41(8):3.

[31]贺永林.中长跑教学训练有效策略探究[J].田径,2021,42(1):39-40.

[32]侯峰.高校羽毛球教学的创新研究[J].当代体育科技,2020,10(17):51-52.

[33]侯迎锋.对体育社会学理论的重新思考:布迪厄和体育社会学[J].体育科学,2015,35(3):90-94.

[34]胡静.高校瑜伽教学对大学生身心健康的影响[J].当代体育科技,2021,11(3):14-15,19.

[35]胡盟盟.高校定向越野教学中提高学生身体素质策略的探析[J].当代体育科技,2021,11(19):122-124.

[36]胡沛永.体育教学原则体系的重构和优化[J].教学与管理,2010,27

(24):102-103.

[37] 黄金星. 基于元认知理论,培养学生思考意识:提问策略单元解读及教学建议[J]. 福建教育,2021,71(31):25-27.

[38] 贾林祥,刘德月. 成就目标:理论、应用及研究趋势[J]. 心理学探新,2011,31(6):499-502.

[39] 姜虎. 对高校中长跑教学安全防控的几点思考[J]. 体育视野,2021,2(19):39-40.

[40] 姜其贺. 浅析当前高中体育教学特点与优化教学策略[J]. 考试周刊,2018,12(54):126,141.

[41] 姜艳. 高中铅球教学组织方法探析[J]. 田径,2021,42(2):5-6.

[42] 金秀平,宗春燕. 群体动力理论视角下大学生就业共同体构建[J]. 创新创业理论研究与实践,2021,4(22):196-198.

[43] 康林山,朱永莉,郑信连,等. 背越式跳高教学中多媒体技术实践干预研究[J]. 当代体育科技,2021,11(10):90-92.

[44] 孔勇. 基于体育文化哲学的国外体育社会学现状研究[J]. 山东师范大学学报(自然科学版),2021,36(4):423-428.

[45] 李成彬. 自我价值理论的再认识[J]. 四川职业技术学院学报,2019,29(2):75-79.

[46] 李芳. 对初学竞走运动员的技术教学分析[J]. 运动,2015,7(1):52-53.

[47] 李光辉. 对标枪教学方法、手段的研究[J]. 教育教学论坛,2011,2(30):34-35.

[48] 李国栋,武培. 运动教育模式在高校体育舞蹈教学中的应用[J]. 枣庄学院学报,2022,39(3):123-127.

[49]李敬凯.高校足球教学训练中学生战术意识的养成[J].科技风,2020,33(8):74-74.

[50]李娟.体育舞蹈教学与课程思政融合探究[J].当代体育科技,2021,11(26):224-226.

[51]李婷婷.普通高校公共选修课瑜伽教学改革初探[J].冰雪体育创新研究,2023,4(3):35-38.

[52]李旭.高校瑜伽教学中的形体训练[J].运动,2019,11(1):91-92.

[53]梁晓龙.当代中国体育若干基本理论问题探讨之四:正确认识和处理体育与政治经济和社会发展之间的关系[J].体育文化导刊,2003,4(7):3-5.

[54]林焕晖.提升高中体育跳远教学有效性的策略研究[J].当代体育科技,2020,10(13):111,113.

[55]林秋言.分析表象训练法在乒乓球教学中的运用[J].当代体育科技,2019,9(14):28-29.

[56]林新舜.基于PBL教学模式的高校排球教学实践研究:以宜宾学院的排球教学为例[J].体育视野,2023,4(5):68-70.

[57]刘朝明,Ramir S. Austria,张龙,等.中外高校体育教学模式比较研究[J].黑龙江科学,2020,11(17):30-33.

[58]刘丹.普通高校轮滑教学课程的发展状况与对策[J].冰雪运动,2019,41(6):12-15.

[59]刘冬梅.高校轮滑教学中消除学生心理障碍的策略探究[J].当代体育科技,2019,9(20):106,108.

[60]刘光涛.全球化与体育政治功能转变初探[J].北京体育大学学报,2004,46(4):448-449,457.

[61] 刘海鹰,刘昕.抛锚式教学模式下的师生角色定位[J].学理论,2017,59(11):196-198.

[62] 刘宏博.创新高校排球教学模式打造高效体育教学课堂的途径探索[J].佳木斯职业学院学报,2021,37(10):110-111.

[63] 刘惠珍.竞技体育功能与竞技体育价值的辩证关系[J].当代体育科技,2019,9(10):244-245.

[64] 刘立国.掷铁饼教学中常见错误动作产生的原因及纠正方法[J].田径,2013,34(9):7-8.

[65] 刘文佳."乐"不思书:基于成就动机理论的当代大学生厌学现象研究[J].临沂大学学报,2022,44(5):83-91.

[66] 刘艳,唐奥男.实用理论视域下高校羽毛球教学方法的创新研究[J].当代体育科技,2020,10(25):165-167.

[67] 卢伯春.终身体育思想下我国学校体育文化的建设与发展研究[M].广州:广东人民出版社,2022.

[68] 鲁建清,罗少松,尹丽琴.阳光体育运动项目:定向越野及开展定向越野意义的研究[J].长沙铁道学院学报(社会科学版),2010,11(1):261-262.

[69] 栾泽晓.现代体育教学论[M].北京:北京工业大学出版社,2019.

[70] 吕宏伟,张园春.新形势下高校篮球教学改革的思路探讨[J].江西电力职业技术学院学报,2021,34(2):26-27.

[71] 马冀贤.体育教学的体系构建与科学训练[M].长春:吉林出版集团股份有限公司,2022.

[72] 马杰.大学网球教学训练技巧与方法分析[J].体育科技文献通报,2020,28(9):95-97.

[73]马丽波.表象训练法在高职乒乓球选项课教学中的有效运用:评《乒乓球教学与训练》[J].中国高校科技,2018,3(11):118-118.

[74]马勇.体育俱乐部教学模式在高职院校体育教学中的应用研究[J].齐齐哈尔师范高等专科学校学报,2021,41(6):120-122.

[75]毛振明.体育教学论[M].北京:高等教育出版社,2005.

[76]明海英.体育社会学:助推体育与社会良性互动[N].中国社会科学报,2020-06-15(2).

[77]牛晓靖.成就目标理论在高校对大学生学习动机优化中的运用[J].智库时代,2019,3(42):110-111.

[78]潘时华,陈刚.时尚体育的内涵、特征、现状及其产业发展路径研究[J].体育与科学,2018,39(1):101-107.

[79]彭春政.自我决定理论框架在青少年体育锻炼中的应用[J].武术研究,2017,2(11):116-122.

[80]彭湃.学习动机自我价值理论在体育教学中的运用[J].体育成人教育学刊,2007,23(5):83-84.

[81]彭硕.体育教学中自我效能感理论作用及提升途径研究[J].当代体育科技,2019,9(31):159,161.

[82]钱宝山.攀岩教学中协同教学法运用研究[J].中外企业家,2020,27(11):204.

[83]羌佳佳.高职英语教学中"支架式教学"模式的应用研究[J].海外英语,2022,23(18):202-203.

[84]申霖.对国内外体育教学原则相关研究的比较与分析[J].四川体育科学,2022,41(3):116-121.

[85]申霖.国内外体育教学原则研究的比较与分析[J].广东第二师范学院

学报,2020,40(5):89-97.

[86] 沈细敏.简析中长跑教学中的几种趣味教法[J].运动,2018,10(4):122-123.

[87] 师捷璇.提升田径短跑教学的有效方法研究[J].当代体育科技,2019,9(32):34+36.

[88] 宋晓红.新形势下高校篮球教学改革的思路探究[J].当代体育科技,2021,11(21):103-105.

[89] 隋颖.高校瑜伽教学中融入形体训练的探讨[J].冰雪体育创新研究,2022,3(17):73-76.

[90] 孙乐芩.元认知理论及其在教育教学中的应用[EB\OL].(2009-03-09)[2023-04-10].https://www.fx361.com/page/2009/0309/5663391.shtml.

[91] 孙胜男,王泽平.背向滑步推铅球技术动作要领[J].田径,2018,39(11):19-19.

[92] 孙悦铭.成就目标理论在普通高校游泳教学中的应用研究[D].长春:东北师范大学,2017.

[93] 唐海.普通院校体育专业铁饼教学训练分析:以四川某高校为例[J].新西部(理论版),2013,14(9):25,31.

[94] 唐敏强.多维训练法引入高校网球教学的研究[J].运动精品,2021,40(5):30-31.

[95] 唐艳青.高校体育教学模式创新路径研究[J].现代交际,2021,35(17):176-178.

[96] 陶里.俱乐部体育教学模式在高校体育课程体系的构建[J].冰雪体育创新研究,2022,3(15):125-128.

[97] 田雪文. 现代信息技术下高校体育教学改革的审视[M]. 长春:吉林出版集团股份有限公司,2022.

[98] 王超. 元认知理论在体育教学中的运用分析[J]. 农家参谋,2018,36(23):218-219.

[99] 王德喜. 社会转型与体育功能的重构[J]. 北京体育大学学报,2009,32(12):13-15.

[100] 王皓. 论我国高校篮球教学改革现状及发展对策[J]. 当代体育科技,2021,11(1):6-7,10.

[101] 王键. 多维训练法在大学网球教学中的运用策略[J]. 当代体育科技,2021,11(2):84-86.

[102] 王科. 高校羽毛球教学面临的困境与创新路径研究[J]. 当代体育科技,2019,9(34):78-79.

[103] 王可心. 马斯洛需要层次理论视角下高校辅导员工作绩效提升路径[J]. 白城师范学院学报,2022,36(4):113-117.

[104] 王玲. 浅析现代体育的经济功能与效益[J]. 经济研究导刊,2017,13(30):30-31.

[105] 王满秋,徐林江. 网球截击技术要点分析及训练方法[J]. 运动,2016,8(3):24-25.

[106] 王茂生,张朝霞,雪飞. 自我效能感理论在党校体育教育中的应用[J]. 当代体育科技,2020,10(30):252-253+256.

[107] 王秋艳. 体教融合理念下高校速度轮滑教学的新视野[J]. 冰雪运动,2021,43(6):40-44.

[108] 王少骅. 建构主义理论在高校体育教学改革中的运用[J]. 辽宁经济管理干部学院学报,2016,18(6):134-136.

[109] 王帅.短跑教学与训练分析[J].田径,2022,43(2):21-22.

[110] 王水,袁勤俭.自我决定理论及其在信息系统研究领域的应用与展望[J].现代情报,2023,43(5):146-155.

[111] 王伟.体育教学理论及实训研究[M].北京:北京工业大学出版社,2019.

[112] 王晓伟,王忠波.现代信息技术在高校散打教学中的科学运用[J].当代体育科技,2021,11(6):153-155.

[113] 王亚岚.链球运动员技术训练分析[J].田径,2023,44(3):47-49.

[114] 王亚岚.浅谈青少年链球技术易犯错误及纠正方法[J].当代体育科技,2016,6(11):154-155.

[115] 王燕.瑜伽教学中的运动损伤与预防[J].当代体育科技,2019,9(31):7,9.

[116] 王艺霏.成就动机理论在高校啦啦操教学中的应用研究[D].长春:吉林大学,2022.

[117] 魏伟.拟剧理论和游戏模型视域下的体育解说[J].上海体育学院学报,2016,40(6):51-57.

[118] 吴然.新时期高校体育足球教学的现状及措施[J].当代体育科技,2021,11(2):158-160.

[119] 吴腾锋.高校羽毛球教学中的步法训练技巧探析[J].佳木斯职业学院学报,2021,37(2):127-128.

[120] 夏宝芹,王玉媛.基于锥形人才培养模式的高校攀岩教学研究[J].铜陵学院学报,2017,16(5):122-125.

[121] 夏晨阳,董丽波.基于体育功能变化的基础体育教学模式改革[J].中国教育学刊,2020,41(S1):116-117.

[122]向庆林,樊翠红.课程思政融入高校体育舞蹈教学的实践路径研究[J].当代体育科技,2022,12(21):125-127.

[123]徐晶晶,胡卫平,逯行.在线协同学习的群体动力理论模型、案例设计与实现策略[J].中国电化教育,2022,43(3):81-89.

[124]徐廖博,徐雄,苏群珍.媒介技术发展下体育专业学生足球教学实践能力提升研究[J].公关世界,2022,30(9):120-121.

[125]徐鑫.体育院系跑酷选修课教学内容体系构建研究[D].武汉:武汉体育学院,2022.

[126]徐竹.知行关系视域中的自我知识:普鲁斯特的元认知理论辨析[J].自然辩证法通讯,2022,44(12):48-54.

[127]许凤盼.元认知理论在高等数学教学中的应用策略探析[J].理科爱好者(教育教学),2021,20(1):9-10.

[128]薛永胜,杨莎,刘尚武.有效体育教学理论体系的构建与教学实践研究[M].长春:吉林科学技术出版社,2020.

[129]严孟帅.符号互动理论对教育戏剧育人的作用[J].北京社会科学,2022,37(8):83-93.

[130]杨海英,孙婧卓.网球教学中采取多维训练法的应用探讨[J].当代体育科技,2020,10(19):68-70.

[131]杨柳青.心理训练在高校排球教学中的价值及实践[J].江西电力职业技术学院学报,2021,34(2):47-48.

[132]杨韵.人工智能时代体育教学内涵特征、发展困境与推进策略[J].体育文化导刊,2022,23(9):104-110.

[133]姚永强,袁广.符号互动理论视角下的教师专业发展探究[J].豫章师范学院学报,2023,38(1):117-122,128.

[134] 叶鹰. 高职院校开展轮滑教学的价值研究[J]. 哈尔滨职业技术学院学报, 2019, 30(1): 45-46.

[135] 殷杰. 湖南省普通高校跑酷运动开展现状与发展对策研究[D]. 株洲: 湖南工业大学, 2018.

[136] 袁新国. 高校散打教学中如何提高大学生的协调能力[J]. 搏击(武术科学), 2009, 6(9): 50-51.

[137] 岳海侠. 瑜伽教学中运动损伤的成因与预防[J]. 西部素质教育, 2019, 5(2): 73-73.

[138] 张爱臣. 高校轮滑教学的局限性与对策[J]. 黑河学院学报, 2019, 10(11): 134-136.

[139] 张爱臣. 高校轮滑教学中学生安全能力培养研究[J]. 山东农业工程学院学报, 2019, 36(10): 137-138.

[140] 张道毅, 淳友忠. 高校攀岩教学中协同教学法运用研究[J]. 武术研究, 2019, 4(1): 133-135.

[141] 张顿. 掷标枪教学中易犯错误及纠正方法探析[J]. 田径, 2018, 39(11): 7-7.

[142] 张二伟. 极限飞盘运动在高校教学中开展的探究[J]. 当代体育科技, 2019, 9(30): 114-115.

[143] 张冯. 高校体育教学原则探析[J]. 教育与职业, 2013, 98(11): 149-150.

[144] 张皓轩. 浅谈体育的功能[J]. 田径, 2022, 43(7): 50-53.

[145] 张洪宝, 魏跃臣, 孟繁江, 等. 关于高校定向越野教学的现状及训练思考[J]. 运动, 2018, 10(18): 83-84.

[146] 张靖. 新时期体育舞蹈教学中的美感训练[J]. 当代体育科技, 2021, 11(18): 87-89.

[147] 张庆凤,陆永宽,陈振翠,等.自我决定理论对学生自主体育锻炼的影响[J].韶关学院学报,2018,39(8):106-108.

[148] 张赛.抛锚式教学模式嵌入创新教育的专业实践探索[J].湖北成人教育学院学报,2022,28(3):62-66.

[149] 张晓义.中国体育社会学研究的问题论略[J].成都体育学院学报,2022,48(1):142.

[150] 张瑜.学习动机理论在地理课堂教学中的应用[D].济南:山东师范大学,2014.

[151] 张兆祥.高校足球教学改革研究[J].中国多媒体与网络教学学报(上旬刊),2022,11(8):241-244.

[152] 张振华.体育教学策略与设计[M].北京:北京师范大学出版社,2012.

[153] 赵本志.信息化视野下体育教学发展问题研究[M].西安:西北工业大学出版社,2022.

[154] 郑光文,贺艳杰,郭子进.数据驱动的学校体育精准教学:内涵、机制与发展路径[J].湖北体育科技,2023,42(1):39-43,81.

[155] 郑镕.自我效能感理论对教学工作改革的启示[J].文史博览(理论),2012,6(3):77-79.

[156] 周德胜,邸枫,张琪.体育文化功能的社会学分析[J].河北体育学院学报,2013,27(4):20-22.

[157] 周生旺,张瑞先,张翠梅.深度体育教学的核心内涵、价值意蕴及实践进路研究[J].枣庄学院学报,2021,38(2):109-115.

[158] 朱芳.拟剧理论视角下线上教学的现实困境及破解路径[J].广西教育学院学报,2022,37(5):144-147.

[159] 朱晗.元认知理论下的大学英语听力教学策略研究[J].校园英语,

2022,23(5):60-62.

[160]朱亚琪.乒乓球教学基本步法与基本手法的分析[J].运动,2018,10(22):92-93.

[161]朱艳芬.马斯洛需要层次理论视角下中职学校文化课教师的职业现状与改善对策研究[D].南宁:广西师范大学,2020.

[162]祝海兰."快乐体育"理念在体育教学中的内涵和智性实践[J].体育视野,2021,2(20):95-96.